신중년 ·
신노년의
마음공부

강현숙 지음

박영
story

목 차

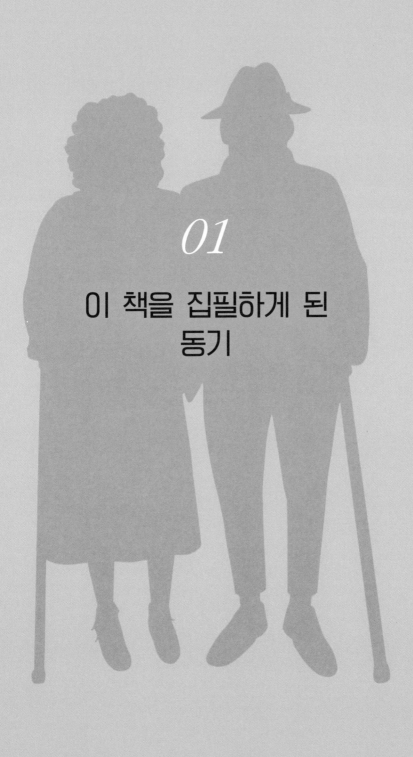

01

이 책을 집필하게 된
동기

이 책을 집필하게 된 동기

: 중 · 노년기를 바라보는 패러다임의 전환이 필요하다

우리의 몸 상태를 보다 정확하게 판단하기 위해 병원에서 진행하는 검사들 중에는 'CT'와 'MRI'라는 것이 있다. 이 둘은 어떤 점에서 서로 다를까?

간단히 설명하자면 CT검사는 단층촬영이고 MRI검사는 입체촬영이다. 그러니까 CT검사는 무를 자르듯 단면으로 잘라 평면만을 보여주지만, MRI검사는 종단면과 횡단면을 입체적으로 보여주기 때문에 일반인들이 이해하기에 훨씬 쉽다.

노년기에 대한 기존의 관점들은 마치 평면만 보여주는 CT검사처럼 굉장히 정형화되어 있다. 예를 들어 발달심리학적 측면에서 볼 때, 태어나서부터 청년기까지는 성장하고 이후 장년기(성인기)에는 그 성장을 쭉 유지해나가지만, 노년기는 모든 것이 쇠퇴하고 왠지 희망이라고는 보이지 않는 어두운 시기로 묘사된다.

그러다보니 노인이라고 하면 겉모습은 '흰머리나 굽은 허리'에, 내면은 융통성이라곤 전혀 보이지 않는 '고집불통'이나 '외로움' 같은 단어들을 통상 떠올린다. 그러나 실제로는 '오팔세대(Old People with Active Life의 영문 앞 글자를 딴 신조어)'가 주목받고 있는 것처럼, 나이 들어서도 여전히 활기차게 인생을 살아가는 중노년층이 증가하고 있다 (여기서 '오팔'이란 다채로운 빛을 내는 보석을 뜻하기도 하고 베이비부머 세대를 대표하는 '58년생 개띠'의 '오팔'을 의미하기도 한다).

이렇듯 노년기가 되면 몸은 혹 쇠퇴해갈지 모르나 정신적 혹은 영적인 면에서는 그렇지 않다. 나이가 들었어도 겉모습과 내면 모두 젊게 사는 사람들을 주변에서 얼마든지 찾아볼 수 있다. 예컨대 나이 70~80이 넘었어도 끊임없이 배움의 끈을 놓지 않고 정신적 성장을 위해 애를 쓰기 때문에, 자신보다 20~30년 아래인 사람들과 만나서 대화해도 세대 차는커녕 친구 같은 느낌을 주는 분들이 있다. 그러니까 나이가 들었다고 해서 우리의 마음까지 늙는 것은 아니다.

늙지 않는 것이 또 있다. 나이가 들수록 조금씩 몸은 쇠퇴해가나, 반대로 삶의 지혜와 영성은 더 깊어진다. 예컨대 자족하며 현재를 충분히 누릴 줄 알게 되면서 사소한 일에도 큰 감사로 응답하게 된다. 실제로 영국 어느 학술지에서 연구한 바에 의하면 가장 행복한 연령대가 74세 정도로 나왔는데, 그 이유는 행복한 일이 많이 생겨서가 아니라 자신의 처지와 형편에 감사의 태도로 응하기 때문이라고 한다.

이처럼 우리가 좀 더 유연한 사고를 가지고 나이 들어간다면, 실제로 우리의 몸도 더 젊은 상태로 돌아갈 수 있음을 보여주는 연구가 있다. 하버드 대학교 엘렌 랭어(Ellen Langer) 교수는 75~80세 사이의 남성들을 모았다. 남성들은 두 그룹으로 나누어졌는데, 실험군은 20년 전, 즉 55세 때와 동일하게 움직이도록 지시를 받았다. 물론 당시를 그저 회상하기만 해도 되었다. 실험군은 실험을 위해 닷새 동안 시골에 있는 거주 치료소에 머물렀다. 그곳의 모든 것들(TV 프로그램, 광고, 라디오, 잡지, 음악)은 모두 20년 전 것이었다. 참가자들은 이를 과거가 아니라 현재의 것처럼 여기도록 권유받았다.

실험이 끝난 후, 변화는 놀라웠다. 불과 닷새 만에 평가자들은 실험군이 평균적으로 어려 보인다고 평가했다. 또한 실험군은 청각, 유연함, 민첩성, 손가락 길이, 시력의 변화, 심지어 앉은키까지도 향상되었다. 지능 역시 더 나은 점수를 받았다. 이 놀라운 결과는 유연한 태도로 자신을 평가하는 것이 얼마나 중요한지를 보여준다.

중·노년기를 바라보는 패러다임의 전환이 필요한 또 한 가지 이유는 평균수명의 연장으로 60~65세를 노인으로 보는 것은 무리가 있기 때문이다. 예컨대 60세가 조금 넘었는데 누군가가 '어르신' 혹은 '할머니', '할아버지'로 부른다면 그것은 남의 신발을 신은 것만큼이나 어색하게 느껴질 것이다. 왜냐하면 우리나라 평균수명이 이미 2015년에 남자 77.3세, 여자 84세에 이르렀기 때문이다.

65세를 노인으로 규정했던 시초는 그 옛날 1889년 독일에서 연금 지급대상을 정하기 위해서였다고 하는데, 그때야말로 인간의 평균수명이 40대였다. 그래서인지 유엔은 2015년에 전 세계 인류의 평균수명을 측정한 결과를 토대로 18~65세는 청년, 66~79세는 중년, 그리고 80세 이상을 노인으로 보자는 파격적인 제안을 했다. 어쨌든 60세나 65세가 달력나이로는 노년기에 해당하지만 이들의 실제 생활은 중년기에 해당하기 때문에, 요즘은 자신의 나이에 0.7을 곱하라고 한다. 그러니까 현재 50살인 사람은 실제 체감나이가 35살, 그리고 현재 60살인 사람은 실제 체감나이가 42살에 해당한다.

이렇게 수명이 길어지다 보니 단순히 오래 살기만 하는 것이 아니라 삶의 내용이 다양해지고 그 결과 삶이 더 풍성해졌다. 우선 일을 할 수 있는 시간이 늘어났다. 그래서 요즘은 50대에 은퇴를 하면 세컨드 잡(second job)을 통해 인생 후반전을 새롭게 설계하려고 준비하는 사람들이 점점 늘어나고 있다. 여기서 '일'이란 단순히 돈을 버는 차원에 머무르는 것이 아니라 자신이 좋아하고 또 잘하는 일을 통해 '자아실현'을 이루는 데까지 나아가는 것을 의미한다. 뿐만 아니라 삶에 의미와 보람을 안겨주는 '봉사활동'도 일에서 큰 비중을 차지한다.

인류의 삶에 있어 수명 연장만큼이나 획기적인 것은 인터넷과 스마트폰의 보급으로 관계에서도 변화가 생겼다는 것이다. 즉 예전에는 가족, 직장, 이웃과의 관계가 주를 이루었다면 지금은 지역을 초월해 취미활동이나 가치관이 비슷한 사람들끼리의 모임을 갖기도 한다. 또한 디지털 플랫폼을 매개로 한 온라인상의 모임도 많은데, 이런 관계들을 잘 맺어가기 위해서도 '관계나 인간에 대한 이해'를 돕는 공부가 필요하다.

특별히 50~60대 이후의 세대가 살아온 사회적 환경들을 보면 여타의 교육은 말할 것도 없고 공교육조차도 많이 부족했다. 그러다보니 자신이 이 땅에 태어났다는 사실이 귀함을 인지하지 못했고, 그런 귀한 자신이 어떻게 살아야 행복한 삶을 만들 수 있을까를 고민해볼 기회를 갖지 못했다.

이를테면 '자존감'이나 '꿈과 비전', '자아실현', '발달단계에 대한 이해', '관계 맺기의 기술', '봉사', '삶의 의미'와 같은 주제에 대해 하나씩 공부하면서 생각해볼 수 있는 기회를 제공받지 못했다. 먹고 살기에 급급했고 그나마 주어지는 교육의 기회도 가족 내에서 맏이나 남자 형제들에게 우선되기 일쑤였다.

따라서 입체 촬영검사인 MRI가 요긴하게 사용되고 또 대세이듯이, 그렇게 우리의 중·노년기도 단면이 아니라 좀 더 입체적으로 보고 잘 설계해 풍성하고 행복한 삶을 살아갈 수 있도록 유용한 교재가 제공될 필요가 있다.

중·노년기를 입체적으로 보아야 할 이유가 한 가지 더 있다. 필자는 50~60대를 대상으로 강의를 하다가 질문을 던질 때가 있다. 삶을 다시 한 번 살 수 있는 기회가 주어진다면 발달단계 중 어느 때로 돌아가고 싶은지에 관한 것이다. 대부분의 사람들이 아쉬움은 있지만 그럼에도 불구하고 '지금이 좋다'라고 대답한다. 필자 또한 똑같은 질문을 받는다면 아동기나 청소년기, 청년기 혹은 성인 초기가 아니라 '지금'이라고 대답할 것이다.

이런 대답은 우리 사회가 그동안 '젊음은 아름답고, 나이 듦은 아름답지 않기 때문에 피하고 싶은 쇠퇴의 과정'이라는 고정관념에 얼마나 굳게 사로잡혀 있었는지를 반증해주는 것이다. 물론 누구도 후회 없는 삶을 사는 사람은 없다. 필자 또한 다시 젊은 시절로 돌아간다면 좀 더 분명한 목표를 세우고 그것을 향해 달려가고 싶다. 뿐만 아니라 자식들에게 말로 상처 주며 나 자신이 어린 시절 하고 싶었던 것들을 대신 강요했던 것이 후회가 된다. 하지만 지금도 좋다. 물질을

01

이 책을 집필하게 된 동기

7

풍족하게 소유하지 못했어도 권력과 명예가 없어도, 그것들이 행복의 조건이기는 하지만 꼭 있어야 행복한 것은 아님을, 즉 행복은 내 마음에 달렸기 때문에 삶을 행복하게 만들어가는 것은 바로 나 자신임을 알게 되는 이 나이가 좋다.

이 말은 책을 읽고 있는 독자들이 지금 어느 나이에 해당하건 간에 모든 나이를 다 살아볼 만 하다는 것을 의미한다. 어떤 누구라도 장점을 가지고 있듯이, 어느 발달단계에 속해 있든지 그 발달단계만이 가지고 있는 긍정적인 면들이 있다. 예컨대 아동기, 청소년기가 젊고 싱그럽고 순수하고 열정이 있어 좋다면, 중·노년기는 시간적 여유, 받아들임과 내려놓음으로부터 오는 자유로움, 그리고 성숙한 삶의 지혜 등이 있어서 좋다는 것이다. 어떤 분은 파란만장했던 자신과 지인들의 삶을 통해 '인생이란 평등하다는 것'을 알게 되었노라고 표현하셨는데, 참으로 공감이 된다.

이 책을 통해 노년기를 '쇠퇴와 하락'이라는 단면으로 보는 관점을 벗어버리기를 바란다. 인간발달에 대한 축적된 지식과 정보, 그리고 인간의 수명연장으로 인해 보너스처럼 주어진 것들을 입체적으로 바라보며 그것들에 주목해 이 책을 읽는 독자들 각자의 삶에 잘 적용할 수 있었으면 좋겠다.

: 몸의 건강만큼이나 중요한 마음 챙기기

'돈이 많아도 돈이 없어도 건강이 없으면 모래 위의 집~'이라는 노래가사도 있듯이, 나이가 들어가면서 누구나 챙기는 것이 있다면 단연 건강이다. 건강은 참으로 중요하다. 그런데 일반적으로 건강을 생각할 때 한 가지 놓치는 것이 있다. 바로 '마음'의 건강이다.

코로나 바이러스라 불리며 눈에 보이지도 않는 작은 미생물이 온 지구를 뒤집은 사례가 있듯이, 인간의 마음은 눈에 보이지 않지만 몸의 건강뿐 아니라 함께 살고 있는 가족, 나아가 이 사회에까지 영향을 미친다.

따라서 인생 후반전을 준비함에 있어 꼭 필요한 것은 나와 너를 알아가는 마음공부이다. 인간의 마음을 연구하는 학문인 심리학 이론은 나와 다른 사람들을 이해하고, 그 결과 인간관계를 친밀하고 풍성하게 맺어갈 수 있도록 도울 수 있다.

이 책은 특별히 중·노년기의 발달과제와 연결되는데, 모든 발달단계가 다 중요하지만 중년기는 인생이 무한정하지 않음을 인식함에 따라 지금까지 성취한 것들을 '재평가'해볼 때이다. 이 재평가를 토대로 더 늦기 전에 삶의 목표나 계획들뿐 아니라 관계 속에서 생긴 문제들을 수정해가는 시기이다.

그래서 어떤 사람들은 자신의 일(직업)에 대한 재평가를 통해 지금까지 해왔던 것과 정반대되는 일을 새롭게 시작하기도 한다. 또 관계 속에서도 배우자와 함께 살아온 시간들에 대한 평가를 통해 앞으로 서로의 관계를 어떻게 영위해나갈지에 대한 결정을 내리기도 한다.

다시 말해 관계를 회복하기 위한 적극적인 노력을 기울이기도 하고, 반대로 노력을 포기하고 함께 살기는 하지만 남남처럼 무관심하게 지내기로 결정하기도 한다. 혹은 '졸혼'이나 '이혼'을 결정하는 사람도 있다. 또 다른 경우에는 그동안 열심히 달려왔으나 꿈을 이루지 못했고 남은 것은 자신의 한계와 좌절, 그리고 절망감이라며 방황하기도 한다. 이런 연유로 중년기를 '제2의 사춘기'라 부르는 것이다.

이렇듯 중년기는 앞만 보고 열심히 달려온 삶을 돌아보는 동시에, 인생 후반전으로 넘어가는 전환점으로서 고민이 많은 시기이다. 하지만 겉으로는 그것들을 쉽게 표현하지 못하기 때문에 잘 살고 있는 것처럼 보일 수도 있다. 이렇게 속으로만 끙끙 앓다보니 어떤 사람들의 경우는 자신이 풀어가야 할 문제들을 다른 사람이나 환경 탓을 하며 우울감에 시달리기도 한다.

따라서 중·노년기에 해당하는 이들에게는 자신을 돌아보고 이해해서 '남들이 원하는 나'가 아니라 '자기 자신'으로 살아갈 수 있도록 내비게이션의 역할을 할 수 있는 무언가가 필요하다. 예컨대 내가 누구인지를 아는 것으로부터 시작해서 나에 대한 전반적인 이해는 삶을 살아가는 데 기본이 된다. 내가 누구인지 그리고 내 마음을 알면, 어떻게 살아야 잘 사는 것인지 또 행복할 수 있는지를 알게 되기 때문이다. 이 책이 바로 그런 역할을 해주기를 바라며 또 그렇게 해주리라 믿는다.

앞서 언급한 것처럼 중년기의 발달과제가 '재평가'라면 노년기의 발달과제는 '나 자신과 화해를 이루어가는 것'이다. 다시 말해 자신의 지나온 삶을 돌아보며 마냥 후회하고 속상해하면서 자신을 나무라기보다 지금까지 최선을 다해 살아온 자신을 인정하고 칭찬해주는 것이다.

또 자신이 경험한 사건들이 과거에는 고통스러웠을지라도 이제는 새롭게 해석하면서 현재를 기쁘고 감사하게 사는 것을 말한다. 이 과정을 통해 다가올 죽음까지도 자연스럽게 받아들이게 될 것이다. 노년 세대가 이런 자기와의 화해를 이루어갈 수 있도록 노년기의 발달 과업과 관련된 이론들 또한 이 책에서 소개하고자 한다.

또 제목에 그냥 중·노년이 아니라 '신중년', '신노년'이라고 한 것은 앞에서 잠시 설명했던 것처럼 수명 연장으로 인해 중년기나 노년기가 길어진 만큼이나 다양해지고 풍성해졌기 때문에, 지금의 중·노년은 우리의 머릿속에 개념화되어 있는 과거의 '중·노년'과는 확연히 차이가 있기 때문이다.

그래서 필자는 '중년, 노년'과 '신중년, 신노년'의 차이를 '남은 인생'과 '앞으로의 삶'의 차이에 비유하고 싶다. 즉 둘 다 같은 의미이지만 '남은 인생'은 왠지 이제 인생이 얼마 남지 않은 것 같은 뉘앙스를 풍긴다. 하지만 '앞으로의 삶'이라 하면 희망에 찬 느낌이 든다.

이렇듯 중·노년기는 은퇴와 더불어 아무런 희망이 없이 무기력하게 시간을 채워가듯 하루하루를 살아가는 삶이 아니다. 지나온 삶의 경험들을 바탕으로 인생을 새롭게 디자인해, 앞으로의 삶을 좀 더 풍성하고 행복하게 살아갈 수 있도록 계획하고 또 만들어가는 시기인 것이다. 그래서 어느 분은 은퇴라는 말의 영어단어(retire)를 새로운 삶을 시작하기 위해 타이어를 다시 바꿔 끼우는 전환점(re-tire)으로 새롭게 해석한다.

　마지막으로 길어진 수명에 따라 유엔에서도 80세 이상을 노인으로
보자는 파격 제안을 던진 것처럼, 그리고 '한국 베이비부머의 삶과 미래'
라는 책에서 제시한 것처럼 중·노년을 이렇게 구분하면 어떨까 싶다.

　· 베이비붐 세대: 1955~1963년
　· 예비노인 세대: 1946~1954년
　· 노인세대: 1945년 이전

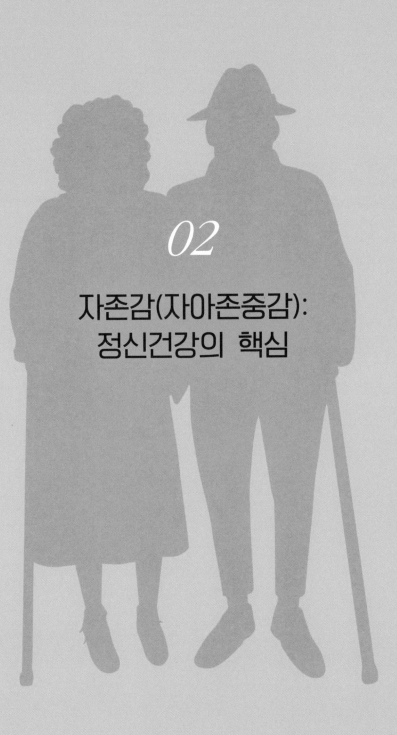

02

자존감(자아존중감): 정신건강의 핵심

자존감(자아존중감):
정신건강의 핵심

: 나는 누구인가?

'나는 누구인가?'를 묻는 자아정체감 질문에 답하는 것은 삶을 살아가는 데 가장 기본이 되는 것으로서 학교 교육에서도 중요하게 다루어지는 내용이다. 인간이 태어나 자라면서 가장 먼저 알게 되고 또 알아야 하는 것이 바로 '나는 누구인가?' 하는 물음에 답하는 것이기 때문이다. 그리고 이 물음에 대한 답을 가지게 될 때 인간은 비로소 안정감과 평안함을 누리게 된다.

예컨대 아기는 '엄마, 아빠'라는 말을 배움과 더불어 자신이 누구인지, 그러니까 누구의 자녀인지를 알게 되면서 안정적으로 성장해간다. 물론 '나는 누구인가?' 하는 질문의 답을 찾는 것은 어렸을 때에만 유효한 것이 아니다. 사람은 태어나서 죽을 때까지 끊임없이 이런 질문을 하게 되는데, 우리가 치매를 두려워하는 이유도 사실은 이 질문에 답하는 것과 관계가 있다.

치매에 걸리면 점점 기억력을 잃어간다. 처음에는 방금 무엇을 했는지, 예를 들어 자신이 방금 약을 먹었는지 안 먹었는지 기억이 나지 않는 등의 가벼운 상황에서부터 시작한다. 그러나 급기야는 이 세상을 살아가는 데 가장 기본이 되는, '자기 자신이 누구인지'를 모르는 상태에까지 이르기 때문에 많은 사람들이 치매를 두려워하는 것이다.

강의 중에 '나는 누구인가?'라고 질문하면 연령에 상관없이 나오는 대답들은 비슷비슷하다. '내 이름은 ○○○입니다.', '나는 ○○○의 엄마·아빠입니다.'를 비롯해 '나는 학생입니다.', '나는 ○○에 다니는 직장인입니다.'라는 식으로 대답한다. 이런 대답은 반쪽짜리에 불과하다. '나는 누구인가?' 하는 자아정체감에 대한 답은 '존재와 역할'이라는 두 가지 측면에서 살펴보아야 하는데, 위에서 답한 내용들은 모두 '역할'이라는 측면에서만 나온 대답들이기 때문이다.

동전의 앞뒷면처럼 '역할'과 짝을 이루는 정체감의 또 다른 측면은 바로 '존재'이다. 본성적으로 우리는 이 세상에 인간으로 태어났다는 사실 하나만으로도 귀한 존재라 할 수 있는데, 사람은 누구나 태어나서부터 죽을 때까지 이 사실을 끊임없이 확인받고 싶어 한다.

평생 사랑을 받아왔다고 해서 노년기가 되었을 때 이제 더 이상 사랑이 필요 없다고 말하는 사람은 없다. 우리는 끊임없이 누군가로부터 관심과 사랑 그리고 돌봄을 원할 뿐만 아니라, 자신이 '귀한 존재'이며 '괜찮은 존재'임을 확인받고 싶어 한다. 따라서 '나는 누구인가?'에 있어서도 이런 두 가지 측면 모두에서 답이 주어져야 한다. 그리고 '존재'의 측면에서 나오는 답은 '역할'의 측면에서와는 달리 모든 사람이 같다. 바로 '나는 귀하고 사랑받는 사람'이라는 것이다.

자기가 하고 있는 일이나 역할에 상관없이 자신을 귀하게 보는 것, 그러니까 '존재'의 측면에서 자아정체감이 확립되지 않으면 중·노년기가 되었을 때 삶이 위축되고 힘들어진다. 다시 말해 남성들의 경우 직장에서 은퇴를 하는 시점이라 특별히 직장에서의 직위인 '역할'에 자신을 전적으로 동일시한 사람일수록 역할 상실로 인한 어려움이 크다. 여성들의 경우도 이때는 자녀양육의 역할이 끝나는 시점이기 때문에 '이제 나는 무엇인가?' 하는 생각을 하게 된다.

이런 이유들 때문인지 필자가 복지관에서 어르신들을 만나거나 50~60대의 은퇴자들을 만나면 현재 제시된 주제나 상황에 상관없이 "제가 예전에는 A기업 상무였고요~", "공직에서 30년 이상을 근무했고요~"라는 식의 말을 하면서, 자꾸 과거로 돌아가려고 하는 분들이 있다. 혹은 일단 이런 식의 말을 언급한 후에 대화를 이어가는 분들이 종종 있다. 이유가 뭘까?

바로 "제가 지금은 늙고 할 일 없이 노는, 별 볼 일 없는 사람처럼 보이지만 과거에는 정말 괜찮은 사람이었습니다. 제가 이래 봬도 대단한 사람이었어요. 그런 저 좀 알아주세요."라는 말을 하고 싶은 것이다. 그렇기 때문에 우리가 자기 자신을 '귀하고 사랑받는 사람'이라는 존재의 측면에서 바라보지 못하고 단지 역할이나 지위의 측면에서만 바라본다면, 이런 역할에서 벗어났을 때 상실로 인한 슬픔과 우울의 감정에서 헤어 나오기 쉽지 않을 것이다.

따라서 노년기를 준비하거나 혹은 이미 노년기에 들어섰다 할지라도 가장 먼저 점검해보아야 할 것은 '내가 누구인가?' 하는 자아정체감이다. 이 책을 읽으면서 아직도 자기 자신이 참으로 귀하고 사랑받는 사람이라는 확신이 들지 않는다면 하루에 5분이라도 호흡에 집중하면서 살아있음을, 또 오감을 통해 보고 듣고 맛보고 냄새 맡으며 감촉이 주는 경이로움을 오롯이 느껴보라.

이런 식의 마음 챙김 훈련을 통해 생기는 유익한 점은 현재의 나로 돌아오는 것이다. 삶은 순간이 모여서 일생이 되기 때문에 '이 순간'은 중요하다. 그리고 이 순간의 나를 보면 내 모습을 받아들이지 못할 이유도 없다. 그런데 우리는 어떤 큰 목표를 정해놓고 그 목표가 이루어지는 순간만을 중요시하는 경향이 있다. 사실 그것도 순간일 뿐이고 우리의 인생은 존재함의 반복으로 이루어져 있다. 이런 존재함의 반복이 인생이 되듯이, 어떤 특별한 일이나 역할을 해서가 아니라 그저 태어났을 때부터 죽을 때까지 나라는 존재는 귀한 것이다.

내가 귀하다는 사실을 느껴보기 위한 또 다른 방법으로는 주변 지인의 아이나 손자손녀가 태어났을 때를 기억해 보는 것도 좋다. 막 태어난 아기를 보면서 '왜 이렇게 못생겼냐?' 혹은 '왠지 앞으로 찌질한 삶을 살 것 같다.'라고 말하는 사람은 아무도 없을 것이다. 그저 이 세상에 태어났다는 사실 하나만으로 아기의 탄생을 기뻐하며 축하하고 또 축복한다. 이런 기억을 통해 나 자신 또한 그런 시절이 있음을 다시 한 번 회상해 볼 필요가 있다.

이렇게 해보아도 자신이 귀하고 사랑받는 사람이라는 사실이 믿어지지 않는다면, 이번에는 직접 나에게 말해주는 것도 좋다. 이를테면 필자가 매일 거울을 볼 때마다 자신에게 '현숙아, 너는 참으로 귀하고 사랑받는 사람이야!'라고 소리 내어 말하는 것이다. 그러면 어느 순간 귀한 사람이 되어있는 나 자신을 발견할 수 있다. 우리는 단순히 귀로만 듣는 것이 아니라, 들을수록 몸에 새기기 때문이다.

스스로에게 전하는 말이 효과가 있는 또 한 가지 이유는 바로, 우리의 뇌는 누가 한 말인가 보다는 들린 내용에 관심이 있기 때문이다. 어떤 말을 들었는가? 긍정적인 말인가, 아니면 부정적인 말인가에 더 민감하게 반응하는 것이다.

마지막 방안은 거울이나 매일 보는 달력, 혹은 스마트폰 바탕화면에 "나(현숙)는 귀하고 사랑받는 사람이다."라고 써놓는 것인데, 매일 눈으로 보기만 해도 반복효과로 인해 마음에 새겨질 것이다.

이처럼 의도적으로 애써서 정체감을 확립하지 못하면, 닭 무리들 속에서 살며 자신이 닭인 줄만 알고 한 번도 하늘을 날아보지 못한 채로 죽은 땅 위의 독수리처럼, 그저 외적으로 늙어가는 모습이 자신의 전부라 생각하면서 살아갈 수밖에 없을 것이다.

마음공부를 위한 셀프깨달음:
나에게 묻고 답해보기

질문 다음 문장을 완성해 보자.

나는 _____.

나는 _____.

나는 _____.

나는 _____.

나는 _____.

나는 _____.

나는 _____.

나는 _____.

나는 _____.

나는 _____.

：자존감은 '나'라는 집의 기초공사와 같다

사람은 누구나 마음속에 자신에 대해 '이미지화된 어떤 그림' 즉 자신이 그린 모습을 가지고 있는데, 우리는 그것을 자화상이라고 부른다. 그리고 '내가 나에 대해 어떠어떠하다고 생각하는 것'을 자아개념이라고 하는데, 이렇듯 자화상이나 자아개념에 근거해 자신에 대한 평가를 내리는 것이 바로 '자존감'이다. 그런 연유로 자존감은 '나는 누구인가?' 하는 자아정체감과 연결될 수밖에 없는 것이다.

한 가지 짚고 넘어갈 점은 '자존감'과 '자존심'은 완전히 다르다는 것이다. 둘의 차이를 한마디로 말하면, 자존감은 '나'라는 사람이 나름 나만의 재능과 장점들을 갖고 이 세상에 태어났다고 믿는 것이다. '남과 비교함 없이' 있는 그대로의 나 자신을 귀하고 사랑받는 존재로 여기기 때문에 이 세상이라는 퍼즐에서 나만의 자리가 있다고 믿는다.

반면에 자존심에는 '남과 비교해'라는 단서가 붙는다. 즉 남과 비교해서 괜찮다는 생각이 들 때 비로소 자기 자신을 귀하고 또 사랑받는 존재로 여기는 것이다. 따라서 자존심은 겉보기에 자존감과 비슷한 말인 것 같지만 자존감의 반대말인 열등감과 더 비슷하다고 볼 수 있다. 열등감이란 '남과 비교해 자기 자신을 별 볼일 없는 존재'로 여기는 것이다.

'불혹(40살)', '지천명(50살)', 혹은 '이순(60살)'이라는 말이 있듯이, 나이가 주는 긍정적 효과를 생각해볼 때, 일반적으로 사람들은 중·노년기가 되면 이제 남과 비교하지 않고 자신을 귀하고 사랑받는 존재로 여길 것 같지만, 그렇지 않은 경우도 상당히 많다. 그러니까 젊은 시절부터 건강한 자존감을 갖지 못하면 노년기에 이르러 가짜 자존감으로 자신을 둘러싸게 된다.

예를 들면 어떤 어르신은 늘 대화 중에 아들을 언급해야 할 경우, 앞에 꼭 '의사'라는 단어를 붙여서 '우리 의사 아들'이라고 표현하시면서 마치 자신이 '의사'인 것처럼 말씀하신다. 또 복지관 등에서 진행하는 그저 기초자료 조사일 뿐인데도 자신의 학력을 높여 작성하신다든지, 아니면 글을 모르시는 분이 프로그램에 수강신청을 하셨다가 글을 읽고 써야 하는 상황에 처하게 될 때 연유를 말씀하시지 않고 그날 이후로 프로그램에서 빠져버리는 경우도 있다.

그래서 나를 '남과 비교하지 않고' 있는 모습 그대로 인정하며 귀하게 여기는 자존감은 '나라는 집의 기초공사'와 같은 것이다. 기초공사가 제대로 되지 않은 집은 비가 오면 물이 샐 수 있다. 기초에서부터 문제가 있기 때문에 고쳐도 또 새는 식으로 평생 보수하며 살아야 하는 것처럼, 건강한 자존감을 갖지 못하면 매사에 남과 비교하며 자유롭고 당당하게 살지 못한다.

미국의 심리학자 나다니엘 브랜든(Nathaniel Branden)은 '자존감의 6기둥'이라는 책에서 건강한 자존감을 유지하기 위한 6가지 원리를 제시했다. 이것을 토대로 나의 자존감 수준이 어느 정도인지 살펴서 수준을 끌어올릴 수 있는 계기로 삼아 보자.

첫째, 매일의 삶에서 자신의 행동을 알아차리고 의식하며 사는 것이다. 우리는 일상에서 의식적으로 행동하는 것 같지만, 실은 나도 모르게 어떤 행동을 할 때가 많다. 그런 행동이 어떤 경우에는 남의 눈에 띌 정도로 이상해서 결국 남을 통해 내 모습을 보며 행동을 수정할 때도 있다.

이렇게 타인의 도움을 받을 수도 있지만 평상시에 얼마든지 스스로의 행동을 알아차리고 의식할 수 있다. 앞에서 글을 읽을 줄 모른다는 사실 때문에 프로그램 참여를 중단하신 어르신의 경우, 자신의 행동을 잘 들여다보아 왜 그런 행동을 했는지 알아차렸다면 어떤 일이 생겼을까? 아마도 한마디 말도 없이 프로그램 참여를 중단할 수밖에 없었던 자신을 비난하기보다 위로해주게 될 것이다. 나아가 이런 마음을 누군가에게 털어놓고 나누다보면 그 행동 후에 생긴 창피한 감정에서도 벗어날 수 있게 된다. 순간순간 나의 행동을 알아차려 의식한다는 것은 이처럼 자신을 이해하고 위로하기 위한 토대가 된다.

둘째, 나 자신을 있는 그대로 인정하고 받아들이며 사는 것이다. 다른 말로 하면 '내가 내 편이 되어주는 것'이다. 그러니까 이 어르신의 경우에 자신이 한글을 모르는 사실을 창피하게 생각해서 프로그램을 그만둔 것을 합리화하거나 자신을 비난하기보다, 엄마가 무조건적으로 자식의 편을 들어주듯이 내 편이 되어 그런 행동을 할 수밖에 없었던 스스로를 충분히 위로해주어야 한다.

셋째, 나의 행동은 내가 책임지며 산다. 다른 말로 하면 남의 탓을 하지 않는 것이다. 심리학 이론에 '귀인'이라는 용어가 있는데, 귀인은 한 마디로 말하면 행동의 원인을 밝히는 것에 해당한다. 예컨대 우리가 바나나 껍질을 밟고 넘어졌다고 가정해보자. 이때 넘어진 행동의 원인을 내부로 돌려서 '내가 너무 덜렁댔구나.'라고 생각하면 앞으로는 조심하도록 자신의 행동을 수정해나갈 수 있다. 하지만 넘어진 행동의 원인을 외부로 돌려서 '어떤 얼빠진 놈이 여기에 바나나 껍질을 버린 거야?'라며 타인을 비난한다면 후속 행동이 달라질 이유가 없으므로 넘어지는 행동은 계속 반복될 수밖에 없다.

이 어르신의 경우도 글을 읽고 쓰지 못하는 이유를 남의 탓(부모 혹은 어려운 시절)으로 돌린다면, 회피의 경험과 마음의 어려움은 죽을 때까지 반복될 수 있다. 흔히 '잘되면 내 탓, 못되면 조상 탓'이라는 표현을 하는데, 나의 행동이나 일어난 사건들의 결과에 대해 스스로 책임지는 자세를 가질 때 우리는 더욱 성숙한 모습으로 바뀌어갈 것이다.

넷째, 건강한 자기주장을 하며 사는 것이다. 대학의 학생상담센터들에서 진행하는 주된 집단상담 프로그램 중 하나가 바로 '자기주장 훈련'이다. 사실 자기주장은 나의 마음이 어떻다는 것을, 자신의 처지와 형편을 표현하는 극히 자연스러운 일이다. 그럼에도 주장하지 못하는 것은 자기주장에 대한 오해 때문이다.

이를테면 잘났다고 우쭐대는 사람들이 자신의 말과 판단이 옳다고 우기는 것을 우리는 '자기주장'으로 착각한다. 그러다보니 다른 사람을 배려하고 위하는 마음이 있을수록 자신의 마음을 제대로 표현하지 못하고 눈치 볼 때가 많다. 하지만 어떤 면에서 자기주장은 나 자신을 당당히 표현하는, 나를 귀하게 여기고 사랑하는 하나의 방법이라 할 수 있다.

다섯째, 목적 있는 삶을 사는 것이다. 이 세상에 존재하는 모든 것들은 다 나름대로의 목적이 있다. 예컨대 각종 과실나무의 목적은 그 과실나무만의 열매를 맺는 것이다. 이를테면 사과나무는 '사과'라는 열매를 맺고 감나무는 '감'이라는 열매를 맺는다. 사람도 마찬가지다. 사람은 누구나 그 사람만이 잘 해낼 수 있는 재능이 있고 그것을 통해 그 사람만의 본래의 모습에 더 가까워질 수 있다. 또한 본래의 모습에 가까워질수록 나이가 들어도 위축되지 않고 자신을 괜찮은 사람으로 여기면서 당당하게 살아갈 수 있다.

여섯째, 자아통합을 이루어가는 삶을 사는 것이다. 이는 자신의 삶에 의미를 부여해준다. 이 작업은 내가 지금까지 살아오면서 경험한 사건들이 고통스런 경험들일지라도 새롭게 해석해나가는 과정이다. 예컨대 앞서 언급했던 한글을 모른다는 사실이 창피해 중간에 프로그램을 그만 둔 어르신의 경우, '내가 글을 모르기 때문에 살아오면서 어려움도 많았지만, 그것이 일찌감치 좋은 아주머니 댁으로 식모살이를 간 계기가 되었고 그래서 현재의 남편도 만날 수 있었잖아.' 하는 식으로 새롭게 해석해나가며 자신의 삶에 의미를 부여할 때, 우리는 지금 여기에서 내가 살아온 삶을 온전히 받아들일 수 있게 된다.

마음공부를 위한 셀프깨달음,
나에게 묻고 답해보기

질문 나 자신을 상징적으로 나타내줄 수 있는 것은?
예를 들면 꽃이나 동물, 혹은 일상에서 사용하는 기구들 중
어떤 것도 괜찮다.
왜 나를 그것에 비유했는지 이유를 생각해보자.

: 세상을 보는 4가지 안경

우리는 앞에서 '나'라는 집의 기초공사격인 자존감에 대해 공부했다. 자존감은 나 자신을 바라보는 태도뿐만 아니라 타인을 바라보는 태도에도 영향을 준다. 사람들은 세상을 있는 그대로 보는 것 같지만 사실 자신이 끼고 있는 안경의 색깔로 세상을 바라본다.

예를 들어 어떤 건물이 분명히 회색이더라도 초록색 안경을 끼고 있는 사람은 초록색이라 우기게 되고, 그러다보면 관계 속에서 갈등이 일어날 수밖에 없다. 이런 연유로 우리는 내가 어떤 안경을 끼고 있는지, 그러니까 내가 자신과 타인들을 어떤 태도(관점)로 대하는지를 알아야 한다.

특별히 토머스 해리스(Thomas Harris)라는 학자는 사람들이 세상 곧, 자신과 다른 사람들을 바라보는 태도를 4가지로 분류하고 있다. 그렇다면 이중에서 나는 어떤 안경을 끼고 자신과 다른 사람들을 대하는지 살펴보자.

첫 번째 안경은 '나는 별로지만 상대방은 괜찮은 사람'이라는 태도이다. 영어로는 "I'm not OK. You're OK." 인데, 해석하면 "나는 틀렸고 너는 옳다"라고 바꾸어 말할 수도 있다. 이 유형은 자신이 갖고 있는 장점은 깎아내리거나 잘 찾아내지 못하면서, 다른 사람들이 가진 장점은 잘 찾아내고 또 크게 보려는 사람들이라고 할 수 있다.

예를 들어 이런 분이 있다. 정말 음식 솜씨가 좋은 이분은 식당이나 공사 현장에서 한 번에 100명 이상이 먹을 음식을 장만하는 일을 평생 해오셨다. 그래서 지금도 많은 사람들이 먹을 시금치 무침을 만들 때, 시금치를 얼마나 사야 하고 어떻게 간을 맞추어야 할지 등을 가늠하고 만드실 수 있다고 한다. 반면에 이분은 공부가 너무 하고 싶었지만 집안 형편이 어려워 학교를 다니신 적이 없었다. 따라서 배움에 대한 한과 더불어 배움에만 큰 가치를 두다보니 자신의 그 훌륭한 음식솜씨를 별로로 여기는 것이다.

이런 식으로 자신에 대해서, 내가 가진 것들은 별로로 여기고 다른 사람들이 가진 것들에 대해서는 대단하다고 생각하다보면 어떤 일이 벌어질까?

아무래도 다른 사람들이 나보다 더 낫다고 생각하다 보니 그들에게 의존하려 들 것이다. 하다못해 점심메뉴부터 시작해서 어떤 옷을 사고 어떤 운동을 해야 할지 등의 간단한 사항들까지도 다른 사람에게 결정해달라고 부탁할 수 있다. 요즘 '결정 장애'라는 말을 종종 듣는데, 사실 이는 "나는 별로이고 상대방은 괜찮다"라는 태도에서 비롯된 것이다.

두 번째 안경은 첫 번째 태도와는 정반대로 '나는 괜찮은데 상대방이 별로'라는 태도를 말한다. 영어로는 "I'm OK. You're not Ok."인데, 이 말을 해석하면 "나는 옳고 당신은 옳지 않다"라는 의미이다.

이렇게 '나는 괜찮은데 상대방이 별로'라는 태도를 가진 사람들은 어떨까? 물론 자기 자신을 괜찮은 사람이라 생각한다는 점에서 일단 자신감이 있다고 할 수 있다. 자신감은 좋지만, 자신의 능력을 너무 과대평가하다 보니 상대적으로 다른 사람들을 무시하는 경향이 있다.

더욱이 어떤 어르신들은 '내가 너보다 나이가 많고 경험도 많으니 내 말이 맞아.'라며 젊은이들에게 이해하기 어려운 논리를 펼치면서 불리하면 "너 도대체 나이가 몇 살이야?"라고 한다. 이런 태도를 가진 사람들은 종종 대화 중 더 이상 소통할 수 없는 상황을 만들어버린다.

인간은 각자 다르다. 또 모두가 각각의 재능과 장점을 가지고 있으며, 그것들은 어느 것이 더 좋다고 우열을 가릴 수 있는 성질이 아니다. 마치 눈이 코보다 더 나은 것도 아니고 코가 귀보다 더 높은 것도 아닌 것처럼 우리에게는 눈과 코, 귀가 모두 필요하고 또 귀하다.

그런데 '나는 괜찮고 상대방은 별로'라는 인생태도를 갖고 있는 사람은 마치 코가 귀보다 더 중요하다고 말하는 사람처럼 자기가 가진 것만 좋고 또 자신만 옳다고 우기는 사람이다. 이런 태도의 사람이 어느 집단의 리더라면 집단원들의 의견을 깡그리 무시해버릴 것이다.

세 번째 안경은 '나나 너나 모두 별로'라는 비관적인 태도를 말한다. 영어로는 "I'm not OK. You're not OK."인데, 이 말을 해석하면 '나도 옳지 않고 너도 옳지 않다'고 생각하는 것이다.

즉, 자기 자신도 별 볼 일 없지만 남들 또한 제대로 된 사람이 하나도 없다고 생각하고 세상을 냉소적으로 바라보면서 희망 없이 살아가는 태도를 말한다. 이처럼 자신도 인정하지 못하고 다른 사람도 인정해주지 못하는 경우가 의외로 많다.

이런 태도는 어떻게 형성되고 또 굳어진 것일까? 간단히 말해, 살아오면서 계속 반복되는 실패를 겪다보니 만들어졌다고 할 수 있다. 그렇기 때문에 혹 우리 주변에서 이런 태도를 가진 사람들을 보았을 때는 아주 작고 사소한 것이라도 칭찬하고 또 격려해주며, 꾸준히 기분 좋은 긍정적 피드백을 경험하도록 도와주어야 한다.

나이가 들었어도 이런 칭찬과 격려의 긍정적 피드백을 주고받는 훈련은 꼭 필요하다. 이렇게 사랑과 인정, 그리고 격려를 받는 경험들이 점점 쌓이면 자연스럽게 자기 자신뿐만 아니라 나아가 다른 사람들까지도 긍정적으로 보게 될 것이다.

마지막 안경은 '나도 괜찮고 상대방도 괜찮은 사람이라고 생각하는 태도'로 우리들이 닮아가야 할 가장 바람직한 태도라고 할 수 있다. 영어로는 "I'm OK. You're OK."인데, 이 말을 해석하면 '나도 옳고 상대방도 옳은 사람'이라는 것이다.

우리 모두는 서로 다를 뿐만 아니라 각자 그 사람만의 재능과 장점들을 가지고 태어났음을 인정하는 태도이다. 이런 태도를 가지면 사람들이 나에 대해 어떤 반응을 보이든 그것을 받아들일 수 있는 포용력이 생기는데, 우리는 서로 다를 뿐 모두가 나름대로 꽤 괜찮은 사람들이라는 믿음이 있기 때문이다.

나 자신을 '괜찮은 사람'이라고 굳게 믿고 있기 때문에 남들이 나와 다른 주장을 해도, 나아가 설령 몹시 비난해도 나를 무시하는 말로 여겨 곧바로 맞대응하는 수준은 최소한 넘어설 수 있다.

그렇다면 이 중에서 과연 나는 어떤 안경을 끼고 있을까?

마음공부를 위한 셀프깨달음,
나에게 묻고 답해보기

질문 · 나는 본문의 4가지 안경 중 어떤 안경을 끼고
　　　 배우자나 자녀들을 대하는가?
　　· 친구들을 대할 때는 주로 어떤 안경을 끼는가?
　　· 내가 나 자신을 대할 때는 어떤 안경을 끼고 대할까?

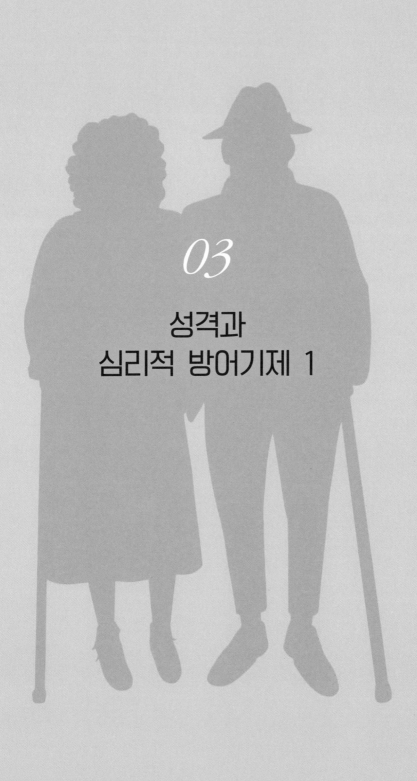

03

성격과
심리적 방어기제 1

성격과
심리적 방어기제 1

: 성격과 방어기제는 어떤 관계인가?

심리학에서 아주 어렵고 복잡하지만 중요한 분야 중의 하나가 바로 성격이라고 할 수 있다. 성격은 결국 한 사람 전체를 설명하는 개념으로서, 이는 곧 심리학 전체를 설명하는 것이기 때문이다.

그렇다면 성격을 어떻게 정의할 수 있을까? 우리는 누군가가 "그 사람 성격이 어때?"라고 물으면 "성실해.", "활발해.", "소탈해.", 혹은 "허풍이 심해."라는 식으로 대답한다. 물론 아무리 성실한 사람일지라도 때때로 그렇지 못할 때가 있지만, 그래도 안정적으로 성실함을 보여줄 때가 더 많기 때문에 성실하다고 표현하는 것이다.

이처럼 성격은 어떤 사람의 행동 하나하나에 대한 묘사라기보다, 그 사람의 모습을 전체적으로 어떻게 보는지 말해주는 것으로 '여러 자극들에 일정하게 반응을 보이는 개인의 특징적인 사고, 감정, 행동의 패턴들'이라 정의할 수 있다.

성격(personality)의 어원은 '페르조나(perzona)'로서 '페르조나'는 원래 극장에서 배우가 배역을 맡기 위해 썼던 탈(가면)을 가리키는 용어이다. 결국 성격의 어원이 '페르조나'라는 것은, 성격은 자신의 본래의 모습이라기보다 어렸을 때부터 자신이 처한 환경에 적응해나가기 위해 각자가 필요해서 만든 나름의 생존방식이라는 뜻이다.

예컨대 어떤 아이가 갖고 싶은 장난감을 사달라고 시장 한복판에 주저앉아 자신도 모르게 크게 소리를 지르며 울어댔다. 그러자 안된다며 앞서 걸어가셨던 엄마가 곧바로 달려와 "알았다"고 얼른 일으켜 세워주셨다. 그 다음에도 우연히 같은 상황이 반복되었다. 그래서 아이는 뭐가 원하는 바가 있으면 자신도 모르게 크게 소리치며 울어댔고 그러면 자연스럽게 문제 상황이 해소되었다. 이렇게 반복된 행동이 나중에는 성격처럼 보일 수 있다.

다음과 같은 예를 들 수도 있다. 집에 손님이 오셨는데 네 살짜리 손녀가 할머니의 말씀대로 그 손님 앞에서 미소를 지으며 인사를 드렸다. 그러자 손님은 너무 예쁘고 인사성도 밝다는 칭찬과 함께 약간의 돈을 주었다. 그 이후에도 이런 일이 몇 번 반복되었고 그때마다 이 손녀는 매우 기분이 좋았다. 앞의 사례와 마찬가지로 이런 행동과 태도가 여러 차례 반복되다보면 이 손녀는 "인사성이 밝다"는 소리를 들으며 자라게 될 것이다.

한편 "쟨 누굴 닮아서 성격이 저 모양인지 모르겠어." 혹은 "우리 손녀는 지 애비 닮아서 말이 없어."라고 하는데 이런 말들은 성격이 유전과 관련이 있음을 암시한다. 이처럼 성격과 관련해 유전적인 성향이 보일 때 심리학에서는 특별히 '기질'이라는 표현을 쓴다.

물론 성격은 유전되는 면도 있지만, '환경에 적응해나가기 위해 각자가 필요해서 만든 나름의 생존방식'이라고 강조하는 것은 어린 시절의 환경과 경험들이 현재의 내 모습을 형성하도록 어떻게 영향을 주었는지 나 자신을 이해할 수 있도록 돕기 위함이다. 더불어 사리를 제대로 판단할 수 없는 미성숙한 어린 시절에 형성된 사고, 감정, 행동패턴이 나이가 들어도 지속되어 관계 속에서 문제를 일으킬 수 있음을 깨닫고, 자신을 변화시키기 위한 계기로 삼고자 함이다.

아이들이 자라면서 스트레스 상황, 즉 마음이 편치 않을 때 자주 사용하는 방법(방어기제)이 반복되면(긍정적 행동의 강화를 포함해) 그것이 몸에 배이고 또 습관으로 고착되어 그 사람의 성격처럼 보일 수 있다. 나 자신과 다른 사람들을 이해하기 위해서는 나와 타인의 성격이 어떻게 다른지 유형별로 나누어 각 특성들을 파악하는 것도 유용하겠지만, 그런 성격이 어떻게 형성되었는지 보여줄 수 있는 방어기제들을 살펴본다면 우리는 성격에 대해 좀 더 넓은 이해를 하게 될 것이다.

이를테면 똑같이 화가 날 상황에 비교적 잘 참는 사람이 있는가 하면 반대로 불같이 날뛰는 사람도 있는데, 그 이유는 서로 사용하는 방어기제가 다르기 때문이다.

그렇다면 성격을 이해하는 열쇠라 할 수 있는 방어기제란 무엇인가?

방어기제는 살아가면서 '무언가 마음이 편하지 않은 어떤 것에 맞닥뜨렸을 때 자신의 마음을 덜 불편하게 하거나 안정을 얻기 위해 사용하는 방법'(좀 더 전문적인 용어로 말하면 자아가 위협받는 상황에서 무의식적으로 자신을 속이거나, 아니면 상황을 달리 해석해 자신의 마음이 상처받지 않도록 보호하는 행위)이라 할 수 있다. 그러니까 인간은 본능적으로 몸과 마음이 안전하기를 원하는데 안전하지 않은 상태가 곧 스트레스이고, 스트레스에 대한 대처의 역할을 하는 것이 바로 방어기제이다.

방어기제라는 말을 처음 사용한 프로이트(Freud)는 성격의 3요소로 이드, 자아, 초자아라는 개념을 만들었으며, 이 세 요소들 사이에서 일어나는 갈등을 처리하기 위해 사용하는 것이 바로 방어기제라고 했다. 다시 말해 우리 삶의 매순간이 이드(본능)와 초자아(양심이나 도덕)의 싸움이라고 보았는데, 여기서 자아의 역할은 상호배타적인 이 둘을 조율하는 것이고 이를 위해 방어기제를 작동시키게 된다고 했다.

예를 들면 친구를 만나기로 했는데 그 친구에게 마음 상한 일이 있어서 한 시간 늦게 나갔다. 이때 우리의 '이드'는 '거짓말 해.'라고 한다. 반면에 '초자아'는 '안 돼. 거짓말은 나빠!'라고 한다. 이렇게 이드와 초자아가 충돌할 때 '자아'는 '그럼 선의의 거짓말을 하자.'라며 뒤에서 다룰 '합리화'라는 방어기제를 작동시킨다.

대화 중에 "당신은 왜 '스카이'라는 말만 하면 그렇게 방어적으로 나와요?"라는 표현을 쓰는 것처럼 우리는 '방어'라는 말을 실생활에서 많이 쓰고 있다. 사람들이 자주 쓰는 방어기제에는 '투사', '합리화', '억압', '동일시'같은 것들이 있는데, 이들 중 유독 어떤 한 가지 방어기제를 자꾸 쓰다보면 그 방어기제가 다른 사람들의 눈에 두드러지게 되고 마치 그 사람만의 특유한 성격처럼 보이게 된다.

개개인이 사용하는 방어기제는 시간의 흐름에 따라 나이 들어간다고 해서 성숙해지는 것이 아니다. 그러니까 60대가 사용하는 방어기제의 수준이 20대가 사용하는 것보다 더 미성숙할 수도 있다. 더욱이 성격이 쉽게 바뀌지 않는 것처럼 방어기제를 쓰는 습관도 끊어버리기 쉽지 않다. 하지만 내가 어떤 방어기제를 주로 사용하는지 알 필요가 있는데, 이는 곧 나를 이해하는 것이므로 나를 변화시키기 위한 첫걸음을 떼는 것이기 때문이다.

'유머', '이타주의', '승화'처럼 성숙한 방어기제라 불리는 것들도 있는데, '그 사람 정말 괜찮아. 성격이 좋아.'라는 말을 듣는 사람들은 주로 성숙한 방어기제들을 사용한다.

그럼 지금부터 우리가 흔히 쓰는 방어기제들이 중·노년기에 없어지지 않고 어떤 식으로 드러나는지를 여러 사례들을 통해 살펴보려고 한다. 이 방어기제 부분만 읽어보아도 자기 자신이 살아온 삶을 이해하는 데 있어 큰 도움이 될 것이다.

마음공부를 위한 셀프깨달음,
나에게 묻고 답해보기

질문 내가 자주 하는 말이나 행동(습관)을 떠올려보자.
혹 그 말이나 행동(습관)을 하게 된 계기까지 생각해볼
수 있을까?
  예: '엄마 말을 잘 들으면 자다가도 떡을 얻어 먹는다'.
엄마로부터 귀가 아프도록 들었던 이 말을 나 또한 자녀들에게
자주 한다.

: '억압'이라는 방어기제

노년세대를 만나 이야기를 나누다보면 텔레비전 프로그램 중에서 '가요무대'를 즐겨보신다는 것을 알 수 있다. 경제적인 소득이나 현재 느끼는 행복수준, 그리고 학력 혹은 여타의 배경과 상관없이 좋아들 하신다. 왜 그렇게 구슬픈 가사의 흘러간 노래들을 좋아하시는지 그 이유를 물었다. 대답들은 한결같다. 자신들의 마음을 읽어주고 또 알아주는 것 같아서 위로가 된다고 하신다.

이 말은 노년세대의 마음속에 억눌린 것들이 많다는 뜻이다. 특히 어르신들은 살아오신 사회문화적 환경으로 인해 자신들의 마음을 모두 표현하기 쉽지 않았기 때문에 각자만의 사연 즉 가슴속에 사무친 이야기들이 많이 있다.

이렇듯 살아가면서 누구도 자신이 원하는 대로 모든 것을 표현하고 또 행할 수 없기에, 어쩌면 '억압'이라는 방어기제는 사람들에게서 가장 흔하게 볼 수 있다. 이 억압이라는 방어기제를 정의하면 "나의 어떤 감정이나 욕구 혹은 생각을 표현하면 아주 곤란한 일이 발생할 것 같으므로 그런 상황으로부터 자신을 보호하고자, 표현하지 않고 자신도 모르게 마음속 깊이 억눌러버리는 것"이라 할 수 있다.

어느 어르신은 노래를 정말 잘하시고 또 좋아하시지만 평생 이런 끼와 재능을 억누르고 사셨다. 그런데 그런 억압이 문제가 되었다. 손자손녀가 노래만 하면 지레 겁먹고 가수는 안 된다고 말리시는 것이다. 이야기를 들어보니 어린 시절, 아궁이에 불을 지피면서 가수들의 노래를 흥얼거릴 때마다 자신의 어머니가 '가수가 되면 나쁜 길로 빠지는 거야. 그러니까 가수는 안 돼.'라며 노래를 못 부르게 하셨다고 한다.

위의 예에서 부모님의 말씀이 평생 자신의 욕구를 억압하게 만들었던 것처럼, '억압'이라는 방어기제는 주로 힘이 없다고 생각하는 사람이 힘이 있다고 생각하는 사람을 대상으로 사용될 때가 많다.

예컨대 어떤 젊은이가 자신이 좋아하는 일이나 재능을 부모에게 당당하게 표현하지 못하고 부모가 권하는 일을 직업으로 삼기 위해 준비하고 있다면, 이 경우도 '억압'이라는 방어기제가 작동되었다고 볼 수 있다. 물론 자신은 결혼할 마음이 없는데 그 말을 하지 못하고 부모가 주선하는 맞선들을 요리조리 피하기만 한다면 이것도 일종의 '억압'이라는 방어기제에 해당한다.

베이비부머 세대와 대화를 하다 보면 '억압'이라는 방어기제와 관련된 경험들이 많이 나온다. 예컨대 형제자매가 많아서 양보해야 했던 경험이나, 무엇보다도 딸이었기 때문에 자신의 욕구를 표현하시 못하고 억눌러야 했던 이야기들도 많다. 장남이 아니어서 혹은 딸이어서 공부하고 싶은 욕구를 억눌러야 했고, 큰딸이기 때문에 매사에 양보하며 일찍 철이 들어야 했다. 한편으로는 내 주장을 하기는커녕 형제자매 중 중간에 끼어있어서 새것을 사기보다는 물려 입는 것이 당연했기에, 남자라도 누나들이 입던 빨간색 엑스란 내복을 입어야만 했으며 바짓단 밑으로 그 빨간색 내복이 흘러내릴까봐 조바심했던 경험도 있다. 그러다 보니 2장에서 다루었던 '나는 귀하고 사랑받는 사람'이라는 정체감을 갖기 어려웠고 나이가 들어서 막상 자신을 사랑하며 돌보는 삶을 살아보려 하니 너무나 어색하고 낯설다고들 한다.

예를 들어 자녀가 좋은 신발을 사드려도 아까워서 신지를 못해 신발장에 넣어두고 보기만 하다가 이월상품으로 만들어버린다. 물론 스스로가 자신을 위해 돈과 시간을 쓰는 것은 더욱 어렵다. 그러다보니

70~80이 넘어도 자신이 뭘 좋아하고 잘하는지도 모른 채 이 세상을 떠나는 분들이 있다.

물론 자신의 욕구와 감정들을 모두 표현하면서 살아갈 수는 없겠지만, 그래도 자신의 마음을 들여다보는 연습을 통해 내가 무엇을 억압(특별히 감정)하고 있는지 알 필요가 있다. 감정은 에너지로서, 마음속에 억누른 감정들은 시간이 지난다고 없어지는 것이 아니라 알아줄 때까지 의식 주변에 맴돌다가 자신도 모르게 엉뚱한 곳에서 튀어나오기 때문이다.

친구와 만나기로 한 약속날짜를 잊어버릴 때가 있는데, 이런 경우 나를 자꾸 들여다보며 성찰하는 시간을 가지다보면 그 이유를 알게 될 것이다. 순수하게 건망증으로 잊어버렸을 수도 있지만, 그 친구와의 관계 속에서 뭔가 서운한 마음이 들었기 때문에 만나는 것이 썩 내키지 않다보니 약속날짜를 잊어버릴 수도 있다.

이렇듯 '억압'이라는 방어기제를 많이 사용하면 나중에 문제를 일으킬 수 있는데, '손자손녀가 노래하는 모습을 보기만 하면 가수되지 말라고 무조건 말리셨던 할머니'처럼 억압을 많이 한 사람일수록 편견이나 선입견(이 할머니의 경우: 가수가 되면 나쁜 길로 빠진다)의 지배를 많이 받는다는 것도 기억해야 한다. 억눌린 감정들이 풀려나오지 못하면 마음속에 갇혀서 그 사람의 생각이나 감정을 지배하고 결국 어떤 나만의 '틀(편견이나 선입견)'을 만든다.

이뿐만이 아니다. 욕구충족을 하지 못해서 생긴 감정들과 직면하고 싶지 않은 감정들을 억누르는 것이 반복될 경우 나이 들어서 우울증이나 화병으로 고생할 수도 있다. 감정을 억누르는 것이 바로 우울증이다. 더욱이 50이후에는 우울증이 화병으로 바뀔 수 있는데, '화병'

이란 관계 속에서 생긴 감정들, 특히 억울하고 화나고 절망스러운 감정들을 표현하지 못하고 마음속에 쌓아 두다 보니 그것이 오랜 시간 후 몸의 질병으로 나타나는 것을 말한다.

그렇다면 그동안 살아오면서 억눌렀던 것들이 많은 사람은 어떻게 하면 좋을까? 이제부터라도 관계 속에서 생긴 감정들을 의식적으로 조금씩 표현하는 훈련을 시작하면 되는데, 문제는 마음속에 억눌러둔 과거의 감정들을 처리하는 일이다.

물론 하루 이틀 동안 앉아서 생각한다고 평생 억눌렀던 것들을 모두 떠올릴 수는 없다. 또 그것들을 쓰레기통이나 강물에 던져버리듯이 한 번에 처리할 수도 없다. 그저 생각이 날 때마다 표현과 표출을 통해 흘려버리는 편이 좋다. 그때그때 나에게 혼잣말로 감정을 표현해내고 위로와 공감을 주는 것이 어쩌면 가장 효과적인 방법이다. 그렇게라도 하지 않으면 우리는 의외의 곳에서 터질 수 있는 폭탄을 안고 살아가는 것이나 다름없다.

예컨대 수십 년 전에 나를 힘들게 한 상사에게 아무런 감정표현도 못하고 그 감정을 마음속 깊이 억눌러버렸는데 그것이 현재에 문제를 일으킬 수 있다. 그러니까 얼마 전 옆집으로 이사 온 사람이 그 상사의 모습과 비슷하다는 이유로 나도 모르게 그 사람과 인사하며 지내는 것조차 거북하게 여기는 상황이 벌어질 수 있다.

더욱이 나이가 들수록 아무래도 혼자 조용히 있는 시간들이 많아진다. 그러면 억눌렀던 것들이 하나 둘 떠오를 수 있는데, 이것은 다음과 같은 이치이다. 우리가 명절 같은 때 바쁘게 음식장만을 하다가 칼에 손을 베여도 일에 몰두하다보니 아픈 것을 잘 못 느낀다. 하지만 일을 다 끝내고 여유 있게 앉아 있다 보면 그때서야 손가락의 통증이 느껴진다. 마찬가지다. 젊은 시절에는 먹고 살기에 바빠서 감정을 억눌러도 별 문제가 없었다. 하지만 나이 들어가면서 고요하게 있는 시간이 점점 많아지다 보니 평생 억눌렀던 감정들이 하나씩 떠오르는 것이다.

예컨대 어르신들이 상담실에 오셨을 때, 인사로 한 주간 동안 어떻게 지내셨는지를 물으면 "그놈의 잡념 때문에 통 잠을 잘 수 없었다"고 말씀들을 하시는데, 바로 그 '잡념'이 마음속 깊이 억눌러둔 감정들에 해당한다. 이처럼 억누른 감정의 힘은 세다.

'억압'은 무의식적으로 일어나지만, 의식적 차원에서 잊으려고 노력하는 경우도 있는데 이런 방어기제를 '억제'라고 부른다. 예를 들어 헤어진 연인과의 추억이 떠오를 때마다 운동을 한다든지 아니면 요리에 집중하면서 의식적으로 잊으려고 하는 것이 바로 '억제'이다.

억제는 자신이 지금 화가 몹시 난 상태라는 것을 인정하지만, 그렇다고 폭력을 쓰거나 소리 지르고 삿대질을 해대며 무조건 화를 행동으로 옮기거나 상대를 탓하는 것이 아니다. 화를 의식적으로 억제하면서 건강한 방법으로 화를 표출해내려고 애쓴다. 그래서 '억제'와 같은 방어기제를 우리는 성숙한 방어기제라고 부른다.

마음공부를 위한 셀프깨달음,
나에게 묻고 답해보기

질문 내가 좋아하는, 혹은 나도 모르게 흥얼거리는 노래는
무엇인가? 노래의 가사를 적어보자.

_____

_____

_____

_____

_____

_____

_____

_____

_____

: '합리화'와 '주지화'라는 방어기제

일반적으로 가장 많이 사용되는 방어기제 중 하나라 할 수 있는 '합리화'를 정의하면, 대화 중에 자신의 행동 속 숨겨져 있는 실제 이유를 대는 것이 아니라 다른 사람에게 무난하게 받아들여질 수 있는 그럴듯한 이유를 대는 것이다. 그렇게 해야 자신의 행동이나 어떤 일의 결과가 정당하다는 것을 내세울 수 있고 또 곤란한 상황이나 실망스러운 결과로부터 벗어날 수 있기 때문이다.

'합리화'라는 방어기제는 주로 다음과 같은 경우에 사용된다.

첫 번째는 어떤 목표를 정해놓고 그것을 이루려 애를 썼지만 실패했을 때, 자신은 그것을 원하지 않았다고 변명하는 경우이다. 예를 들어 은퇴 후 A라는 직장에 재취업하려고 이력서를 냈다가 떨어진 사람이 심심해서 그냥 한번 넣어봤다고 말하는 경우가 해당한다.

이 책을 읽으면서 '신포도 이야기'라는 이솝우화가 생각나는 독자들도 있을 것이다. 내용인즉 배고픈 여우가 포도밭을 지나가다가 주렁주렁 매달려 있는 포도송이를 보았다. 여우는 포도를 따먹으려고 했으나 너무 높이 매달려 있어서 먹을 수가 없었다. 그러자 '저 포도는 아직 익지 않았기 때문에 시어서 먹을 수가 없겠지.' 하고 지나가 버렸다는 이야기다.

두 번째는 현재 자신이 처한 입장이나 처지가 못마땅하지만 다른 사람들에게는 간절히 원하던 것이라고 얘기하는 경우이다. 예컨대 아이쇼핑을 하면서 골라둔 원피스를 사러 갔는데 이미 팔리고 없었다. 이런 경우, 하는 수 없이 골라두었던 것과 비슷한 스타일의 원피스를 구매해 와서는 자신이 원하는 스타일의 원피스를 샀노라고 말할 때가 있는데, 이것도 합리화에 해당한다. 또는 집을 팔고 사정상 원하지 않는 지역으로 이사를 가게 되었을 때, 그곳이 공기도 좋고 주변에 산책할 곳도 많아서 일부러 선택했노라 말하는 것도 합리화이다.

세 번째는 변명하거나 다른 사람에게 책임을 전가해 자신이 한 행동의 결과를 정당화하는 경우이다. 예를 들면 학생들이 지각했을 때 엄마가 깨워주지 않아서 늦었다고 말하는 경우도 있고, 토익시험 점수가 낮게 나왔을 때 그날 아침 갑자기 열이 나고 편도선이 부어서 듣기 평가를 할 때 집중할 수 없었노라고 말하는 경우도 있다.

네 번째로, 하기 싫은 일을 피하고 싶을 때도 합리화라는 방어기제가 사용된다. 예컨대 친목회에서 "A씨는 성실하고 꼼꼼하면서 다른 사람들도 잘 챙기니까 타고난 총무감이야."라며 칭찬하는 경우가 있는데, 여기에도 합리화가 작용되었다. 이번에는 한 번도 임원을 맡지 않았던 본인이 총무를 맡아야 할 것 같은데, 하기 싫으니까 새로 온 지 얼마 안 된 회원을 칭찬하며 그가 맡을 수 있도록 분위기를 조성한 것이다.

마지막으로 이런 경우도 일종의 합리화라 할 수 있다. 예를 들어 선물 받은 화장품을 친구에게 다시 선물하면서 그 친구를 위해 일부러 고른 것처럼 말할 때가 있다. 자신도 모르게 친구를 위해 샀다는 거짓말이 튀어나올 때가 있는데, 실제적으로는 거짓말을 했지만 꼭 거짓말이라고 단정 지을 수도 없다. 왜냐하면 다른 방어기제들이 그렇듯이 어떤 상황에 처해 고의적이 아니라 무의식적으로 튀어나온 말이기 때문이다. 다시 말해 본인은 별 생각 없이 선물했는데, 그 화장품 선물을 받은 친구가 너무 감동하는 것을 보니 차마 집에 있던 것을 가져왔다고 말하지 못하고 친구를 위해 손수 샀다는 말이 불쑥 튀어나온 것이다.

'처녀가 애를 낳아도 할 말은 있다', '핑계 없는 무덤이 없다', '이기면 충신, 지면 역적', '사흘 굶어 담 아니 넘을 놈 없다' 같은 속담들만 봐도 우리가 얼마나 자주 합리화라는 방어기제를 사용하고 있는지 알 수 있다. 방어기제를 너무 자주 사용하다 보면 중·노년기에 경직된 사고와 말이 몸에 배어 상대방을 질리게 할 수 있다.

좀 더 구체적으로 말하자면, 나이 들어갈수록 경험으로 아는 지식이 쌓이다보니 관계 속에서 상대방의 말을 인정하고 또 받아주기보다는 매사에 '합리화'라는 방어기제를 이용해 어떤 구실이나 변명을 대서라도 자신의 말이 옳다고 주장하는 경우가 종종 생긴다. 이들은 상대방이 자신의 감정을 표현한 것까지도 옳고 그름의 잣대로 판단하면서 자신의 말이 옳다고 합리화한다.

예컨대 지하철에서 한 학생이 졸고 있다. 이때, 학생 앞에 서 있는 나이 지긋한 분이 학생을 툭툭 치면서 저쪽에 서 계신 어르신께 자리 좀 양보하라고 한다. 학생은 일어나면서 다음과 같이 말한다. "그런데요, 제가 일부러 잠든 척을 한 것은 아니고요…." 이때 학생의 말이 채 끝나기도 전에, 학생을 깨웠던 그 나이 지긋한 분이 "젊은 것이 버릇이 없구먼. 어디서 어른에게 대드는 거야." 하고 혼을 낸다. 이렇게 감정표현까지도 옳고 그름의 잣대로 판단하면서 자신만 옳다고 우기는 '합리화'를 조심해야 한다.

그렇기 때문에 어느 상황에서 주로 '합리화'라는 방어기제를 사용하는지, 거울을 보듯 자신의 말과 행동을 들여다볼 뿐만 아니라 다른 사람들로부터 나의 말과 행동이 어떤지 피드백을 받는 훈련이 필요하다. 그럴 때 관계 속에서 나 자신을 좀 더 융통성 있고 또 열린 마음을 소유한 어른으로 변화시켜나갈 수 있을 것이다.

합리화처럼 그럴듯하게 논리적으로 설명하는 것 같지만 조금 다른 방어기제로는 '주지화'가 있다. 주지화는 주로 감정을 있는 그대로 드러내기 힘들 때 사용하는 경향이 있는데, 정의하자면 감정적으로 힘든 상황에 처했을 때 자신의 감정을 표현하기보다는 그 감정을 피하기 위해 지나치게 생각하고 또 생각하며 자신의 이성만을 작동시키는 것이다.

주지화라는 방어기제를 사용하는 또 다른 이유는 감정을 드러내는 것이 왠지 점잖아 보이지 않는다는 사회문화적 편견 때문이기도 한데, 그래서인지 주지화는 자신의 감정을 잘 표현하는 여성들보다 그렇지 못한 남성들에게서 더 많이 보인다. 남성들 중에서도 주로 60대 이후의 남성들이 주지화를 사용하는데, 이들은 어려서부터 '남자라 울지 못했다'는 노래 제목처럼 자신의 감정을 자유롭게 표현하기보다는 억눌러야 하는 분위기 속에서 자랐기 때문이다. 그러다보니 부모님이 돌아가셔서 깊은 슬픔의 감정에 빠졌어도 겉으로는 담담하고 또 냉정하게 말하려고 애쓰는 모습을 많이 보인다.

더욱이 주지화를 사용하는 사람들은 "맞아요. 그런 상황에서는 당연히 화가 나죠. 저도 그랬어요."라는 식으로 말은 그럴싸하게 하는데, 이때 그 말을 하는 사람의 얼굴을 보면 너무 무표정하다. 그러니까 그저 머리로만 자신의 감정을 표현했을 뿐이다. 그래서 얼핏 보면 매우 성숙하고 멋진 사람처럼 보일 수도 있지만, 그런 말과 표정으로 상대방의 마음을 움직이기는 쉽지 않을 것이다.

또 다른 예로 부모님이 암으로 돌아가셨을 경우, 주지화를 사용하는 사람은 슬픔의 감정을 표현하기보다는 암에 걸리시지 않도록 미리 애쓰지 못한 이유와 미안함에 대해 장황하게 설명을 늘어놓기도 한다. 혹은 자신이 병원에 입원한 환자임에도 불구하고 문병을 온 지인에게 절망적인 상황을 토로하기보다 남 얘기하듯 자신의 질병에 대해 설명을 하는 경우도 있는데, 이렇게 하는 것은 어쩌면 자신의 고통스런 감정을 떨쳐버리려는 몸부림이라 볼 수 있다. 이렇듯 주지화도 건강한 적응방법은 아니기 때문에 우리는 미성숙한 방어기제라고 부른다.

마지막으로 주지화를 사용할 때의 문제는 감정을 억압하고 있을 뿐이지 이 방어기제를 사용할 때 억누른 감정이 사라지는 것은 아니라는 점이다. 감정은 에너지이기 때문에 표출이나 표현을 통해 빼내주어야 줄어들거나 사그라진다. 따라서 주지화에서 벗어나기 위해서는 이성적으로 분석하기보다 자신의 억누른 감정을 알고, 표현이나 표출을 통해 적극적으로 해소하려 노력해야 한다.

남자들의 경우 술을 통해 감정을 표출할 때가 많다. 즉 술에 취해 이성의 힘이 약해지면 억누른 감정이 거침없이 폭발하는 경우를 주변에서 종종 볼 수 있다. 소리를 지르고 폭력을 휘두르며 무엇이든 내던지는 것도 모자라, 억누른 감정의 직접적 대상이 아닌 단지 가장 가깝고 편한 사이라는 이유로 배우자나 자녀 혹은 지인들에게 상처를 줄 때가 많다. 이런 감정폭발은 매번 임시방편이 될 뿐 근원적으로 문제를 해결하지는 않는다. 따라서 술의 힘을 빌리는 것이 아니라, 좀 더 건강한 방법으로 억눌린 감정을 빼내주어야 한다.

마음공부를 위한 셀프깨달음,
나에게 묻고 답해보기

질문 '신포도 이야기'라는 이솝우화처럼 내가 했던 합리화의
경우를 생각해보자. 또 무엇 때문에 그런 합리화를 했었나?

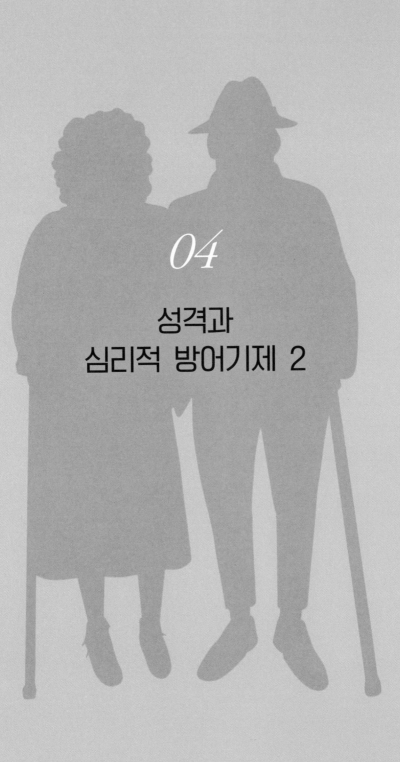

04

성격과
심리적 방어기제 2

성격과
심리적 방어기제 2

: '투사'라는 방어기제

우리는 살아가면서 스스로 이런 말을 하거나 아니면 들어본 적이 한 번쯤은 있을 것이다.

① 부부가 함께 텔레비전을 보다가 아내가 남편에게 하는 말. "여보, 오늘 비가 내리니까 왠지 파전이 먹고 싶지 않아?"

② 어느 분의 팔순 잔치에서 누군가가 앞에 나가 마이크를 잡고 노래를 부를 때, 관람하던 사람이 옆에 앉은 친구에게 하는 말. "○○야! 나가서 함께 춤춰봐. 춤춰. 그래야 노래하는 사람이 흥이 나지."

③ 집에서 큰딸이 작은딸에게 "○○야! 네가 아버지께 가서 말씀드려. 아버지는 날 싫어하시잖아…. 나보다 너를 더 좋아하시니까 네가 치킨이 먹고 싶다고 하면 시켜 주실 거야."라고 하는 말.

④ 은퇴 후 재취업 면접시험이 끝난 후의 상황. "무슨 면접시험이 그따윈지 몰라. 얼굴 마담을 뽑는 일도 아닌데 취조하듯이 나를 뚫어지게 쳐다보면서 질문하면 내가 어떻게 대답하겠어."

이 예들을 한 번 분석해 보자.

①의 경우, 물론 남편도 파전에 구미가 당기는지 궁금했을 수 있겠으나 더욱 정확한 마음은 아내 자신이 파전을 먹고 싶어서 물어보았을 것이다.

②에서 누군가가 나가서 함께 춤을 추어야 노래하는 사람이 흥이 난다는 말도, 노래하는 사람의 마음이 그럴 수 있지만 말하는 사람 자신의 마음이 드러난 것이다.

③에서도 실제로 아버지가 큰딸을 싫어할 수도 있지만, 큰딸이 한 말에는 '아버지가 자신을 싫어한다.'고 생각하는 자신의 속마음이 나타난 것이다.

④의 사례에서도 면접관이 면접자를 뚫어지게 쳐다봤다기보다는 면접관이 자신을 뚫어지게 쳐다봤다고 느끼는 면접 대상자의 마음이라는 추측이 더 정확할 것이다.

위의 사례들에서 드러난 마음들은 모두 실제로는 자신의 마음이지만 그것을 자기 것인 줄 모르고 상대방의 마음으로 돌리고 있는데, 이것이 바로 방어기제 중에서 '투사'에 해당한다.

투사를 사용할 때의 문제는 자신도 모르고 쓰는 것이긴 하나 자신의 마음 중에서 주로 자신이 인정하고 싶지 않은 부분, 그러니까 바람직하다고 생각되지 않는 내용이나 미안함 혹은 죄책감 등을 상대방의 마음이라고 생각해서 상대방에게 떠넘겨버린다는 것이다. 예컨대 ③의 사례에서도 큰딸 자신이 아버지와의 관계가 불편해서 아버지에게 말을 걸거나 치킨을 사달라고 하기 싫은 것인데, 그런 자신의 마음을 '아버지의 마음'이라고 단정 지어버린다.

이번에는 좀 더 복잡한 경우로 미안한 마음이 분노로 바뀌어 어떻게 상대방에게 투사되는지 예를 들어보겠다. 아내가 밖에서 일을 보고 집에 돌아가는 길에 남편에게 문자를 했다. '일처리를 하느라고 점심을 못 먹어서 배가 고프니 밥솥에 밥만 좀 안쳐 줄래요?' 집에 도착한 아내는 너무 배가 고파서 손을 씻을 겨를도 없이 밥솥을 열었다. 아뿔싸! 밥이 없었다. 그래서 거실로 가서 텔레비전을 보고 있는 남편에게 "여보! 밥은?"하고 물었다. 남편은 어쩔 줄 몰라 하며 미안하다고 말한다. 그 말을 들은 아내는 "미안하다고 하면 다야?"라는 말을 불쑥 내뱉고 말았다.

그러자 남편은 미안하다고 했을 때와는 정반대의 표정을 지으며 발끈해서 아내에게 따진다. "밥 안치는 걸 깜박한 게 그렇게 큰 잘못이야? 누가 보면 큰 잘못이나 저지른 사람으로 볼 거 아냐. 뭐든지 당신 뜻대로 안 되면 만날 이런 식으로 난리를 치니~ 내가 정말 미쳐버리겠어." 일단 아내가 남편의 미안한 마음을 받아주고 자신의 배고픔을 잘 표현했더라면 상황은 달라졌을 것이다.

하지만 남편의 마음이 아내에게 곧바로 수용되지 않자, 원래 가졌던 미안한 마음은 이내 사라지고 거꾸로 아내에게 화를 내버리는 황당한 상황이 벌어진 것이다. 실제로 화가 난 사람은 아내인데, 아내가 유별나게 굴어서 화가 났다는 식으로 자신이 화내는 이유를 아내에게로 던져버린 것이다.

다시 말해 아내가 자신의 미안한 마음을 받아주지 않는 것 같아

서운했는데, 여기에다 평상시 아내에게 못마땅한 일들이 많았지만 표현하지 못했던 감정들이 덧붙여졌다. 결국 아내가 나쁜 사람이고 아내에게 화를 내는 것은 당연한 일이 되어버렸다.

제삼자가 이 사례를 객관적으로 보면 위와 같은 마음의 흐름을 읽을 수 있지만, 남편은 자신이 '투사'라는 방어기제를 사용하고 있는지조차 모를 것이다. 다시 말해 우리는 평상시 자신의 얼굴을 보는 횟수보다 관계하는 상대방의 얼굴을 보는 횟수가 더 많은 것처럼, 마음도 마찬가지여서 스스로의 문제를 보기는 쉽지 않다. 더욱이 인간은 자기 위주로 생각하는 경향이 있기 때문에 미안함이나 바람직하지 않은 마음을 내 것이라고 인정하기보다 상대방의 것으로 떠넘기려 할 수 있다.

그러면 어떻게 해야 '투사'에서 조금이나마 벗어날 수 있을까? 먼저 내 얼굴에 묻은 것을 보기 쉽지 않은 것처럼, 내가 상대방의 마음이라고 단정 짓는 것이 틀릴 수도 있다는 점을 인지하는 것이다. 이는 내 입장에서는 나의 말이 맞지만 상대방의 입장에서 보면 상대방의 말이 옳음을 인정하는 것으로, 내 마음을 살펴보는 훈련이 꼭 필요함을 말해준다. 그리고 내 마음을 잘 살펴보기 위해서는 다른 사람이 나에 대해 말해주는 견해에 기분 나빠하기보다는 귀 기울여 들을 필요가 있다.

투사라는 방어기제와 관련해 한 번 더 살펴볼 것은 '억누른 분노'와 '투사'는 밀접한 관련을 가진다는 것이다. 앞에서 여러 번 설명한 것처럼 억누른 감정은 에너지로서, 시간이 지난다고 없어지는 것이 아니라 그 감정을 알아줄 때까지 우리의 의식에 맴돌기 때문에 어느 순간 투사라는 방어기제로 폭발되는 경향이 있다. 그리고 이런 점은 나이가 들어가면서 더욱 두드러진다.

젊은 시절부터 부부관계 속에서 배우자에 대한 부정적 감정을 표현하기보다 억누르며 살아왔을 경우를 예로 들 수 있다. 아내가 "여보, 왜 대답이 없어요? 싫어요?" 하면 남편이 "아니 이 사람이 왜 이렇게 언성을 높여?"라고 대답하는 상황이다.

이런 식으로 부부관계 속에서 마음속에 억누른 것들이 해소되지 못하면 현재에 발목을 잡는다. 상대방에게는 감정의 찌꺼기가 아직 그대로 남아있기 때문에 배우자를 현재의 모습으로 대하지 못하는 채로, 분노를 도리어 상대방의 것이라고 상대방에게 투사하며 대화를 이끌어간다. 때문에 부부관계는 마찰이 끊이지 않는다. 따라서 관계를 개선해나가기 위해서는, 아무리 오래 살았어도 서로에 대한 묵은 감정을 풀어가는 것이 선행되어야 한다. 그럴 때 자연스럽게 투사라는 방어기제의 사용도 줄어들 것이다.

마음공부를 위한 셀프깨달음,
나에게 묻고 답해보기

질문 **나의 모습**(보이는 것과 보이지 않는 부분을 포함) **중에서
내 것이라고 인정하고 싶지 않은 것에는 어떤 것들이 있을까?**

예: 나의 외모 중 한 군데일 수도 있고 출생이나 지위(역할 포함)와
관련된 것일 수도 있다. 또 성격이나 타인의 눈에는 보이지 않는
어떤 마음일 수도 있다.

: '동일시'와 '전치'라는 방어기제

'동일시'라는 방어기제는 주위의 중요한 인물들, 특히 부모의 태도와 행동을 닮는 것으로 성격발달과 관련해 아주 중요한 방어기제 중 하나이다. 동일시를 통해 부모가 자녀의 성격 내부로 들어오게 되는데, 이 세상의 어떤 부모도 완벽하지 못하기 때문에 이런 동일시는 성인이 된 후 관계 속에서 문제를 일으킬 수 있다.

이를테면 가수인 아빠의 딸이 매일 마이크를 잡고 노래 부르며 놀기를 좋아하는 것에서부터, 좋아하는 선생님이 검정색 옷을 즐겨 입기 때문에 자신도 검정색 옷을 자주 입는 것들이 바로 동일시에 해당한다. 또 사업에서 성공한 사람은 아버지인데 이를 자신이 성공한 것처럼 자랑을 하는 것 또한 동일시다.

인간이 어린 시절 부모로부터 보고 들은 것들을 자기 것으로 동일시하면서 받아들이는 것은 어쩌면 당연한 일이다. 그래서 조부모들이 손주를 키우며 "자는 모습이 지 애비하고 똑같네."라고 말하는 것이다. 혹은 50~60대가 되어 어린 시절 같은 동네에서 살았던 친구를 만날 때가 있는데, 우리는 친구의 모습 속에서 그 부모님의 모습을 보고는 깜짝 놀란다. 이를테면 친구의 모습에 그의 부모님 걸음걸이나 말투, 제스처 등이 그대로 오버랩 되어 나타난다.

이런 사례가 있다. 대학까지 나왔지만 파란만장한 인생을 살아오신 어머니는 항상 딸에게 '여자가 똑똑하면 팔자가 세다'는 말씀을 하셨고 그래서 딸은 최고의 대학에 충분히 들어갈 수 있는 점수를 받았지만 4년 장학생으로 여대에 입학했다. 입학해서도 이 딸은 엄마를 닮았는지 공부를 아주 잘했다. 그래서 주위에서는 모두 그가 공부를 계속 할 것이라 생각했다. 하지만 이 딸은 '여자가 똑똑하면 팔자가 세다'는 어머니의 말이 유독 마음에 걸려, 고민 끝에 유학을 포기하고 어머니의 친구가 주선한 맞선을 보고 결혼했다. 더욱이 이분의 마음 속에 굳건히 자리 잡은 이런 미성숙한 동일시는 평생을 살아가면서 어떤 결정을 해야 할 순간마다 기준으로 작용해서 제대로 된 결정을 내릴 수 없도록 했다.

우리가 자신의 부모를 동일시했던 것들은 어른이 되어 결혼을 하고 가정을 꾸린 이후의 삶에서 문제를 일으키기도 한다. 예를 들어 밝고 명랑하며 사람 좋기로 동네에 소문이 자자한데 유독 시어머니와는 관계가 불편해서 힘들어하는 60대 초반의 여성이 있다.

결혼한 지 30년이 지났고 그동안 딸 셋을 낳아 잘 키워 현재는 세 딸들이 모두 성실하게 직장생활을 하고 있다. 남편과도 별 문제없이 잘 지낸다. 그럼에도 불구하고 시어머니 앞에 서기만 하면 왠지 불편하고 무기력해진다는 것이다.

이분은 어린 시절부터 친정엄마가 딸만 5명을 낳았다고 할머니로부터 갖은 시집살이를 당하는 모습을 보며 자랐다. 할머니가 '아들도 못 낳는 것이…' 하시면서 엄마에게 욕도 하고, 또 하인 부리듯 대하는 것을 여러 번 보았다. 물론 엄마는 딸들과 있을 때 할머니에 대한 분노를 표현했고 눈물도 많이 흘리셨다. 하지만 할머니 앞에만 서면 아무 말도 못하셨다.

이분은 친정엄마가 한없이 불쌍했지만, 엄마와의 동일시를 통해 할머니가 엄마처럼 자신을 대한다고 느낄 뿐이지 할머니에게는 아무 말도 못했다. 결국 엄마에 대한 동일시가, 그 옛날 엄마가 할머니에게 느꼈던 감정을 현재 자신의 시어머니에게 똑같이 느끼도록 만들었던 것이다. 이렇게 과거에 어떤 인물에게 가졌던 감정을 현재 아무 관련도 없는 대상에게 느끼는 것을 '전치'라고 하는데, 이분은 동일시에서 전치라는 방어기제로 옮겨왔다고 할 수 있다.

이처럼 우리가 어린 시절 동일시했던 것들은 중·노년기가 되어서까지 영향을 미친다. 그러니까 아들을 못 낳았다는 사실 하나로 불쌍하게 사시는 엄마에 대해 느꼈던 감정을 표현하지 못하고, 대신 자신을 친정 어머니와 동일시함으로써 안타까움을 몸소 끌어안았기 때문에 그런 감정에서 벗어나지 못했다. 따라서 현재의 인간관계(시어머니와의 관계)를 과거 자신의 엄마와 할머니와의 관계처럼 반복하고 있는 것이다.

동일시보다 좀 더 복잡한 경우로 우리 주변, 그 중에서도 특히 가족관계 속에서 흔히 볼 수 있는 '투사적 동일시'라는 것이 있다.

닮지 않겠다고 생각했던 사람, 내가 미워하고 싫어하는 대상을 닮는 경우이다. 어린 시절 아버지가 술을 마시고 그동안의 불만을 토로하면 어머니는 들어주기보다 한술 더 떠 불만을 터트리며 밤새 싸우던 기억에, 자신은 절대 닮지 않겠노라고 수없이 다짐했지만 막상 결혼해서는 자신도 어머니와 똑같은 모습을 반복하는 상황을 말한다.

60대 중반인 여성의 사례다. "기억 속의 아버지는 말이 없었다. 자녀들을 나무라지도 다그치시지도 않았다. 그저 눈이 오나 비가 오나 추우나 더우나 하루도 빠짐없이 열심히 일하는 분이었다. 그런데 월급날이면 어김없이 만취해 들어오셨다. 그리고는 엄마에게 제대로 되지도 않는 발음으로 뭐라고 해대시면, 엄마는 엄마대로 마음이 상해서 어느 때는 소리까지 지르며 다투셨다. 밤새 이런 모습이 끝나질 않았다. 그리고 일주일 정도는 두 분 사이에 침묵이 흘렀다."

그런데 집단 상담을 통해 현재 자신의 가정을 객관적으로 바라보니 과거 어린 시절 자신의 가정과 다를 바가 없음을 알게 되었다. 물론 현재 자신의 남편은 만취가 되어 들어오거나 주정하지는 않지만, 가끔 남편이 술을 마시고 늦게 들어오는 날이면 몹시 예민해져서 잠도 따로 잤고 또 며칠간은 부부관계 속에 냉기가 돌았다고 한다.

그러니까 술을 마시고 들어오는 남편을 마치 친정아버지로 착각했던 것이다. 결국 어린 시절 가족의 분위기가 그대로 현재 자신의 가정에 재현되고 말았다.

물론 자식만 부모를 동일시하는 것은 아니다. 거꾸로 부모가 자식을 동일시하는 경우도 많다. 특별히 나이 들어가면서 자신이 그동안 이룬 것이 없다는 생각으로 열등감을 가질수록 자식에 대한 동일시를 통해 열등감을 만회하려는 경향을 보인다.

이를테면 자식이 사회에서 알아주는 직업을 가졌거나 지위에 있을 때, 그것이 본인의 것인 양 착각하고 행동하며 살아가는 사람들이 있는 반면, 이번에는 자식에게서 자랑하고 동일시할만한 점이 별로 없다고 느껴 또 다시 열등감을 갖는 사람들이 있다.

결국 가장 중요한 것은 '나＝자식'이 아니라는 분리가 이루어져야 한다는 것이다. 더불어 젊은 시절부터 건강한 자존감이 형성되지 않으면 나이 들수록 이런 식의 동일시에 대한 집착은 늘어날 수밖에 없는데, 그런 노인들을 가리켜 우리는 '노추(노인의 추한 모습)'라는 표현을 쓰기도 한다.

마음공부를 위한 셀프깨달음,
나에게 묻고 답해보기

질문 부모님의 모습(말, 행동, 성격 등) 중에서 나는 어떤
부분을 닮았나?
혹은 부모님의 모습 중에서 내가 싫어하는데도 불구
하고 닮은 부분이 있는가?

: 죠하리의 창

우리는 지금까지 남들에게 보이는 그 사람 전체를 말해주는 성격과 밀접한 관련이 있는 방어기제의 종류, 방어기제가 반복되면 어떤 식의 말과 행동으로 드러나는가에 대해 살펴보았다. 궁극적으로 성격에 관해 공부하는 것은 관계 속에서 먼저 나의 모습을 들여다보고 잘 알아서 행동을 조절해나가기 위함이다.

그래서 이번에는 다른 사람들과의 관계 속에서 우리 자신의 다양한 모습들(감정, 사고, 판단, 욕구나 능력, 그리고 행동 양식)을 살펴볼 수 있는 심리이론인 '죠하리의 창'을 소개하려고 한다.

가족관계 속에서 이런 일이 종종 일어난다. 아버지는 자취를 하고 있는 아들딸에게 매일 아침 카카오톡으로 장문의 좋은 글을 보낸다. 이 일이 아버지에게는 큰 기쁨을 주는 동시에 '자신이 젊은 시절에 이런 글들을 읽었다면 인생을 설계하고 살아가는 데 큰 도움이 되었을 것'이라는 아쉬움을 달래주기도 한다.

문제는 딸은 매일 '아빠, 감사해요.'라는 답을 보내오는데, 아들은 읽지도 않거나 혹 읽었다는 표시가 되어 있어도 딱히 반응이 없다는 것이다. 그것이 아버지에게는 스트레스이다. 그러니까 아버지는 아들에게 사랑을 표현한 후, 스트레스를 받는 행동을 계속 반복하는 것이다.

만약 당사자인 아들의 피드백을 통해 그런 장문의 좋은 글보다 '아빠는 우리 아들이 오늘도 행복하게 살기를 바란다.'라는 짧은 메시지가 더 아들의 마음에 와닿는다는 것을 알게 된다면, 아버지의 행동이 바뀔 수 있고 그러면 부자 사이의 관계는 더욱 친밀해질 것이다. '죠하리의 창'은 이렇게 나의 모습을 볼 수 있도록 돕는다.

'죠하리의 창'에서 '죠하리'는 두 심리학자 조셉 루프트(Joseph Luft)와 해리 잉햄(Harry Ingham)의 앞부분을 합쳐서 만든 이름인데, 이 이론에 의하면 한 개인의 마음은 네 가지의 창(영역)으로 되어있다.

첫 번째 영역은 열린 영역이다. 바로 나 자신도 알고 다른 사람들도 알고 있는 내 모습을 말한다. 나의 키나 얼굴 모습, 이름이나 직업, 가족 사항이나 성격을 예로 들 수 있다. 나도 알고 남도 아는 모습이 서로 간에 많이 공유될수록 관계 속에서 대화나 상호작용이 활발하게 이루어질 수 있다.

두 번째는 눈먼 영역으로 자신은 모르지만 다른 사람들은 알고 있는 내 모습을 말한다. 마치 시각 장애인이 자신의 모습을 보지 못하는 것과 흡사하다고 해 붙여진 이름으로, 사람마다 타인은 알지만 자기 자신은 모르는 말버릇이나 이상한 행동특성들이 있는데 바로 그런 것들을 말한다.

예를 들면 어떤 사람은 평소 표준말을 쓰는데, 같은 고향의 사람을 만나 그 사람이 사투리를 쓰면 본인도 자연스럽게 사투리를 사용한다. 또 다른 사람은 대중 앞에서 발표할 때 유독 코로 손이 간다. 혹은 '창업' 이야기만 나오면 무조건 말린다든지, 대화 중에 꼭 A라는 친구를 끌어들여 그 사람에 대해 부정적으로 말해야만 직성이 풀리는 사람이 있다.

더욱이 어떤 사람들은 너무 튀는 옷차림이나 헤어스타일로 상대방의 눈살을 찌푸리게 할 때가 있는데, 안타깝게도 본인은 모른다. 그렇기 때문에 우리는 때때로 내 모습이 다른 사람들에게 어떻게 보이는지, 혹은 나의 말하는 태도나 습관이 어떤지, 가까운 사람들에게 물어서 알 필요가 있다.

이는 우리가 다른 사람들로부터 피드백을 받을 필요가 있음을 뜻한다. 다른 사람들이 알려주지 않으면 자신의 모습을 몰라서 이상한 버릇이나 습관을 고칠 수 없기 때문이다. 이런 연유로 소크라테스도 '너 자신을 알라'고 한 것 같다.

세 번째는 비밀 영역으로 나에 관해 나는 알고 있지만 다른 사람들은 모르는 모습을 뜻한다. 이를테면 남에게 공개하고 싶지 않은 부분이다. 달리 말하면 약점이나 비밀처럼 다른 사람들은 모르는 나의 부분이라고 할 수 있다.

특별히 어르신들의 경우 그럴만한 상황이었음에도 불구하고 자신이 배우지 못한 것을 큰 약점이라고 여기거나, 또 자식들의 문제가 곧 내 약점이라고 생각해 터놓지 못하곤 한다. 그러다보니 문제를 드러내면 답이 있음에도 불구하고 해결책을 찾지 못해 끙끙 앓는다.

물론 상대방을 믿고 의지하는 정도에 따라 달라지긴 하겠지만, 왜 사람들은 있는 그대로 자신을 드러내지 못하는 것일까? 아마도 나를 가감 없이 드러냈다가 상대방이 그것을 약점으로 잡아 이용하거나 무시하지 않을까 하는 마음 때문일 것이다.

또 다른 이유는 남보다 내가 더 나의 모습을 받아들일 수 없기 때문이 아닌가 싶다. 이런 분을 본 적이 있다. 사고로 한쪽 눈이 실명되었다. 그런데 이분과 수십 년 동안 1년에 한 번씩 며칠간의 지방여행을 함께했던 친목계 회원들은 그 사실을 아무도 몰랐다. 이분은 실명이 되었다는 사실을 스스로가 받아들일 수 없었고, 그러다보니 여행 중에 불편하고 힘들어도 다른 사람들에게 감히 말할 수 없었던 것이다.

물론 부부관계에서도 아내가 남편에게 공개하지 못하는 내막이 있을 수 있고 또 남편이 아내에게 공개하지 못하는 부분이 있을 수 있지만, 확실한 것은 관계 속에서 우리가 서로 신뢰할수록 그리고 친밀하게 느낄수록 이 '비밀 영역'은 작아진다고 볼 수 있다.

마지막은 미지의 영역으로, 나도 모르고 다른 사람도 알지 못하는 나의 모습이다. 이를테면 어떤 사람이 자신은 피아노를 쳐본 적이 없다고 했지만 그에게 피아노와 관련한 재주가 있을 수도 있다. 혹 어려서 부모님이 피아노를 가르쳤다면 훌륭한 피아니스트가 되었을는지 그것은 아무도 모르는, 그 사람만의 미지의 영역인 것이다.

지금까지 4가지 영역에 대해 구체적으로 설명했는데, 사람마다 이 네 가지 영역의 크기가 다르다. 다시 말해 개인이 자신을 공개하는 정도에 따라, 그리고 다른 사람들에게 내 모습이 어떤지를 물어서 피드백을 받는 정도에 따라 4가지 영역의 크기가 결정된다고 할 수 있다. 그리고 어느 영역이 더 크냐에 따라 어떤 장단점이 있는지 성격 유형처럼 이름을 붙일 수 있다. 하나씩 살펴보면 다음과 같다.

첫 번째 영역, 그러니까 내 모습 중에서 나도 알고 상대방도 아는 부분이 넓은 사람을 우리는 '개방형'이라 부르는데, 아무래도 개방형의 사람들일수록 인간관계가 원만하다. 왜냐하면 이들은 적절한 자기표현으로 상대방에게 자기를 알리고 자신에게 해주는 타인의 말에도 정성껏 귀를 기울이기 때문이다.

그렇기 때문에 개방형의 사람들은 중·노년기가 되어도 인간관계가 축소되지 않는다. 젊은이들과의 소통도 원활한데, 세대 차이를 고쳐야 할 어떤 것으로 보기보다는 서로의 다름으로 보는 융통성을 가지고 있기 때문이다.

또 이들은 나이가 들어가도 긍정적이며 낙천적이다. 살아오면서 당면하는 문제들을 다 해결하지는 못해도 그 문제들로 인해 생기는 고통스러운 감정들을 마음속에 담아두지 않고 관계 속에 털어놓으며 풀어가기 때문이다.

두 번째 영역, 곧 내 모습임에도 불구하고 자신은 모르며, 남들은 알고 있는 부분이 넓은 사람을 '자기 주장형'이라고 부른다. 어떤 어르신들의 경우 앉으면 늘 자신에 대해 "왕년에 내가~"로 시작해서 끊임없이 말을 해댄다. 이처럼 이 유형은 다른 사람들에게 자신의 정보를 많이 노출하게 되는데, 무엇보다도 자기 자랑을 많이 한다.

물론 자신에 대해 더 이상 자랑할 것이 없으면 성공한 친인척이나 친구 심지어 사돈의 팔촌까지 끌어들여 자랑하는 경향이 있다. 이들의 문제는 자신을 드러내는 데는 아주 적극적인 반면, 다른 사람들의 반응에는 무관심하다는 사실이다. 특히 젊은이들이나 아랫사람이라고 생각되는 사람들 앞에서는 더욱 자기 말만 하려 들기 때문에 자처해서 꼰대가 되기 쉽다.

그래서 안타깝기는 하지만 이 자기 주장형의 사람들도 장점이 있다. 다른 사람들의 말에 그다지 신경을 쓰지 않기 때문에 생각이나 감정을 잘 표현하고, 따라서 자신에 대한 당당함도 있는 솔직한 사람들이라는 점이다.

세 번째 영역으로, 자신에 대해 남들에게 공개하지 않아 남들이 모르는 영역이 넓은 사람들을 우리는 '신중형'이라고 하는데, 이들은 다른 사람들에 대해서 대체로 수용적이며 속이 깊고 신중한 사람들이라고 할 수 있다. 그러니까 다른 사람들의 이야기는 잘 들어주는 반면 자신의 이야기는 잘 하지 않는 사람들이다.

이런 신중형은 인간관계 속에서 잘 적응하지만 내면적으로는 자신의 마음에 있는 것들을 나누지 못하기 때문에 나이가 들어가면서 점점 더 외로움을 느끼는 경우가 많다. 그렇기 때문에 자신이 신중형이라 생각되면 좀 더 적극적인 자기개방을 통해 다른 사람들과 점진적으로 교류를 넓혀나가야 노년에 덜 외롭고 또 정신건강에도 도움이 될 것이다.

마지막 영역, 곧 자신에 대해 나도 모르고 남도 모르는 부분이 넓은 사람을 우리는 '고립형'이라고 한다. 이들은 이런저런 이유로 자신에 대해서도 관심과 사랑이 없고 또 다른 사람들에 대해서도 알려 하지 않기 때문에 인간관계에 매우 소극적이다. 혼자 있는 것을 좋아하다 보니 관계 형성 자체가 잘 안 된다.

특별히 요즘 중장년층에서 1인 독거 남성들이 늘어나고 있는데 이들 중에는 고립형들이 많다. 우리나라가 고령사회에 진입하면서 각 구청별로 50~60대에 해당하는 1인 남성가구에 대한 실태조사에 나서고 있는데, 목적은 '고독사'를 예방하기 위함이다. 다시 말해 사람이 혼자 있는 시간이 많아지면 어떤 생각에 사로잡힐 수 있고 그러다보면 우울해지며 극단적인 생각에까지 이르기도 한다.

이런 연유로 1인 독거 남성들을 위한 돌봄 지원 서비스에는 여러 가지가 있지만 사회관계망 형성을 위한 프로그램이 꼭 들어간다. 이를테면 '요리교실'이나 '역사 트레킹' 혹은 '산림 치유 프로그램' 등을 통해 주변이웃들과 관계망을 형성할 수 있도록 지원하고 있다.

마음공부를 위한 셀프깨달음,
나에게 묻고 답해보기

질문 열린 영역(개방형), 눈먼 영역(자기 주장형), 비밀 영역(신중형)
미지의 영역(고립형) 중에서 나는 어떤 영역이 가장 넓은가?
그리고 그 이유가 무엇인지 생각해 보자.

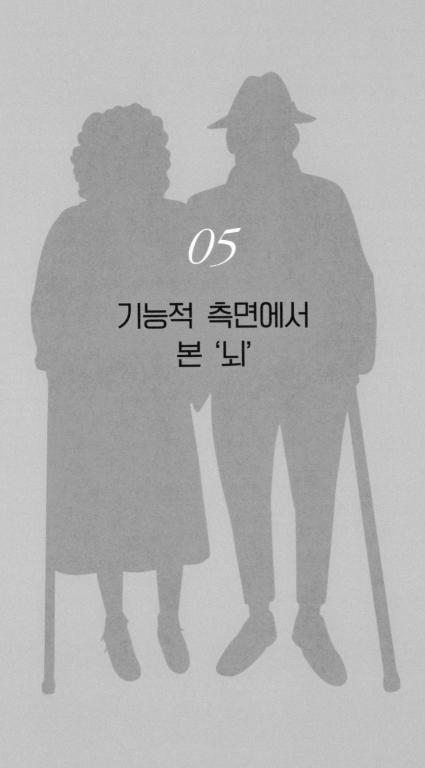

05

기능적 측면에서
본 '뇌'

기능적 측면에서
본 '뇌'

ː 뇌와 신경전달물질

필자가 어르신들과 수업을 하면서 주의를 모으기 위해 "코코코~ 귀" 하면 모두들 손을 귀에 잘 대시고, "코코코~입" 하면 입에 손을 정확히 대시는데, 틀리시는 것이 하나 있다. '코코코~마음'이라 하면 모두들 '가슴'을 가리킨다.

물론 예전에는 마음이 가슴(심장)에 있다고 믿었던 시절도 있었다. 하지만 인간의 지식이 발달하고 뇌에 대한 연구가 활발하게 진행되면서 요즘은 우리의 마음(감정)이 가슴이 아니라 뇌에 있다고 확인되었다. 누군가를 열렬히 사랑하거나 싫어지는 것도 사실은 가슴(심장)이 아니라 뇌의 명령에 의한 것이라고 할 수 있다.

이는 뇌가 허락하지 않으면 우리 몸에서 어떤 일도 일어나지 않는다는 것을 의미한다. 예컨대 음식을 먹거나 손가락을 움직이는 단순한 행동에서부터 복잡한 최첨단의 기계를 만들어내는 일까지 인간이 생각하며 느끼고 움직이기 위해서는 뇌가 정상적으로 작동해야 한다. 그래서 종종 뇌를 가리켜 작전 지시를 뜻하는 용어인 '사령탑'이라고 하는 것이다.

보통 뇌는 30살가량까지 만들어지고 완성되며, 그 이후부터는 서서히 쪼그라들기 때문에 그 속도를 늦추면 아무래도 더 건강하게 오래 살 수 있다. 뇌를 건강하게 유지하기 위한 몇 가지 방법을 소개하면 다음과 같다. 먼저 뇌는 물을 먹고 자란다. 다시 말해 우리가 마시는 물의 27~35%를 가져가기 때문에 뇌를 건강하게 유지하기 위해서는 물을 충분히 마셔주어야 하는데, 최소한 몸에서 수분이 빠져나가는 만큼 다시 채워져야 한다.

또 한 가지는 우리가 들이마시는 산소의 30%는 뇌에 쓰인다는 사실이다. 사람은 살아가면서 스트레스를 받으면 자신의 몸을 보호하기 위해 아드레날린과 같은 호르몬이 분비되면서 긴장 상태에 들어가게 된다. 이 과정에서 신체 기관에 더 많은 혈액을 보내기 위해 맥박과 혈압이 증가하고 호흡도 빨라진다.

일반적으로 건강한 몸을 위해 의사들이 유산소 운동을 권하는 것처럼 사람의 뇌 건강에도 충분한 산소 공급은 필수적이다. 이는 뇌에서 에너지를 만드는데 많은 양의 산소가 필요하기 때문이다.

마지막으로 끊임없는 탐구생활이 뇌의 활성화를 돕는다. 무언가를 암기하고 생각해내며 떠올리는 활동이 신경세포들의 연결인 시냅스들의 수를 더디 줄어들게 한다. 이처럼 시냅스의 감소를 막아야 하는 이유는 시냅스를 통해 다양한 사고 과정이 이루어지기 때문이다.

예를 들어 시냅스의 수가 많으면 집에 밥이 없을 때 식사를 해결하는 방법을 여러 가지 생각해낼 수 있지만, 시냅스의 수가 줄어들수록 식사대용을 고안할 수 있는 방법들이 줄어든다.

이런 이유들로 특정 정보를 수동적으로 받아들이기만 하는 '텔레비전 보기'보다는, 뇌를 능동적으로 움직여 무언가를 생각하고 창조해낼 수 있도록 음악을 듣거나 누군가와 대화를 나누거나 손을 움직이는 공예 활동을 권하는 것이다.

작지만 이토록 중요한 뇌는 작은 신경세포들이 모여서 조직을 이루며, 인간의 뇌를 구성하는 뇌신경세포는 약 1,000억 개쯤 된다. 신경은 정보를 전달하는 신체의 부분으로, 우리가 외부자극을 지각하고 사고하며 감정을 표현하고 의지대로 손과 발을 움직이는 행동이 바로 신경활동의 결과물이다.

외부에서 인체의 감각기관을 통해 특정 정보가 들어오면 그것은 우리 몸을 흥분시키거나 가라앉힐 수 있는데, 이는 뇌에서 분비되는 다양한 신경전달 물질에 의해 결정된다. 몇 가지를 소개하면 다음과 같다.

첫 번째로 아세틸콜린이라는 신경전달물질이 있다. 이것은 기본적으로 흥분성 신경전달물질이며 골격근과 내장근육 운동을 조절해준다. 따라서 아세틸콜린이 분비되지 않으면 내장근육 운동이 이루어지지 않기 때문에 움직일 수가 없다. 또한 아세틸콜린은 학습과 기억 과정에 결정적 역할을 하므로 기억을 하기 위해서는 꼭 필요하다.

따라서 이 신경전달물질은 치매와도 밀접한 관련이 있는데, 치매환자들의 공통적 증후는 기억 상실이다. 즉, 치매환자는 해마 부근에서 아세틸콜린의 분비가 되지 않는다. 그래서 치매 초기에 진전을 막기 위해 '뇌 영양제'라 불리는 약을 권하는데, 뇌 영양제는 아세틸콜린의 분비를 촉진시키는 것과 관련이 있다.

두 번째로 도파민이라는 신경전달물질이 있다. 도파민은 운동 및 정신 과정에 중요한 역할을 하기 때문에 도파민이 분비되면 기분이 좋아지고 쾌감도 느껴지며 감정이 풍부해진다. 아무래도 기분이 쳐져 있을 때보다 좋아질 때 운동도 잘되기 때문에 예전에는 운동선수들에게 도파민을 투여해서 문제가 되기도 했다. 뇌에서 도파민이 과하게 분비되면 조현병이나 주의력 결핍 과잉 행동장애와 같은 정신질환의 원인이 되기도 한다.

반면에 도파민 분비가 제대로 안되어 부족하면 몸이 마음대로 움직여지지 않고 떨리는 파킨슨병에 걸리기 쉽다. 치매 다음으로 흔한 신경계 퇴행성 뇌질환이라 할 수 있는 파킨슨병에 걸리면 몸동작이 느려지고 떨림이 나타난다. 이는 일반적으로 신체의 한쪽에서부터 시작해서 다른 쪽으로 옮겨가고 점점 그 상태가 심해진다. 떨림과 더불어 기억력이나 균형감각의 저하가 동반되기도 한다.

세 번째로 세로토닌이라는 신경전달물질이 있다. 세로토닌은 흔히 '행복물질'이라 불리는데 이 물질이 분비되면 기분이 좋아지면서 행복감을 느끼기 때문이다. 사실 우리의 삶이 힘들어도 살아갈 수 있는 것은 자고 일어나면 또 다시 세로토닌이 분비되어 기분전환이 되기 때문이다. 또 우울증에 걸린 사람들에게 의사들이 산책하기를 권하는 것처럼, 햇볕을 쬐며 걷기만 해도 세로토닌이 분비된다.

하지만 나이가 들수록 자연스럽게 세로토닌의 분비가 줄어들기 때문에 노년기에는 특별히 일부러 햇빛을 보고 억지로라도 많이 웃어야 한다. 억지로라도 웃으면 세로토닌의 분비가 뇌에서 촉진되기 때문이다.

세로토닌은 수면과 기분조절에도 관여하는데 스트레스를 받아 마구 폭식을 할 때 세로토닌을 투여하면 기분이 나아지면서 먹는 것에서 다른 것으로 관심을 돌릴 수도 있다. 또 뇌에 세로토닌을 고갈시키는 약물을 주입하면 불면증이 나타나는데 바로 여기에 노년기에 잠이 줄어드는 이유가 숨어 있다. 즉 나이가 들어갈수록 수면에 관여하는 세로토닌의 분비가 줄어들기 때문에 점점 잠이 없어지는 것이다. 따라서 낮 동안 세로토닌이 충분히 분비될 수 있도록 많이 웃고 기분 좋게 지내면, 저녁에 조금 더 성공적으로 잠들 수 있게 된다.

멜라토닌도 수면과 관련된 물질인데, 멜라토닌은 밝은 낮에는 거의 분비되지 않고 저녁 이후 날이 어두워질수록 분비량이 증가한다. 다시 말해 졸음이 쏟아진다는 것은 멜라토닌의 분비가 활발하다는 의미이기 때문에, 잠을 자기 전에 멜라토닌이 잘 분비되도록 방을 어둡게 조성한다면 훨씬 잠들기 쉬워질 것이다. 일반적으로 아침이 되면 잠에서 깨는데 그 이유는 빛을 받으면 멜라토닌의 분비량이 줄어들기 때문이다.

멜라토닌 또한 나이가 들수록 분비가 줄어들어 빛이 없는 새벽에도 잠을 깨게 된다. 따라서 노년기가 되면 더욱 숙면을 취할 수 있는 환경을 잘 살펴 만들어주면 좋다.

밤 동안 숙면을 취할 수 있는 한 가지 방법은 자기 전에 텔레비전이나 스마트폰을 들여다보는 행동을 자제하는 것인데, 그 이유는 영상매체 화면에서 나오는 빛이 멜라토닌의 분비를 방해하기 때문이다.

마음공부를 위한 셀프깨달음,
나에게 묻고 답해보기

우리 몸의 사령탑이라 할 수 있는 뇌의 건강을 위해
본문에 제시된 것들로 나를 점검해보자.

· 뇌는 물을 먹고 자란다고 할 수 있는데, 나는 하루에
물을 어느 정도 마시고 있는가?

· 우리가 들이마시는 산소의 30%가 뇌에 쓰이는데,
나는 충분히 산소를 공급받고 있는가?

· 끊임없는 탐구생활은 뇌의 활성화를 돕는데,
지속적인 뇌의 활성화를 돕기 위해 나는 어떤 활동들을
하고 있는가?

: 뇌간과 변연계의 기능

인간의 뇌를 실제로 꺼내보면 살짝 핑크 빛이 도는 회색을 띠며, 표면은 스펀지처럼 말랑하고 쭈글쭈글한 주름이 많이 잡혀 있다. 겉보기에는 별로 볼품이 없지만, 기능적 측면에서 보면 참으로 아름답고 정교한 보석 같다.

다시 말해 인간의 뇌는 가장 원시적인 충동이나 단순한 행동에서부터 복잡한 사고능력에 이르기까지 우리의 모든 활동을 담당하며, 복잡 미묘한 신체의 모든 움직임을 통제하고 감독한다. 그렇기 때문에 아무리 과학이 발달해도 인간의 뇌 기능을 모방할 수 있는 컴퓨터를 만든다는 것은 거의 불가능한 일이다.

노화 또한 뇌와 밀접한 관련이 있는데, 노화의 정점은 바로 뇌기능의 상실에 있으며, 죽은 뇌세포는 다시 재생이 불가능하다. 결국 늙는다는 것은 뇌 조직을 점점 잃어서 지각, 시각, 청각, 촉각, 미각, 후각 등의 감각능력이 저하되는 것을 의미한다. 뿐만 아니라 뇌의 기능이 떨어지면 인체의 모든 기능도 더불어 저하되기 때문에, 뇌의 기능 저하가 모든 질병의 원인으로 작용할 수 있다.

인간의 뇌는 기능에 따라 뇌간, 변연계 그리고 대뇌피질이라는 세 가지로 분류할 수 있다.

첫째로 중심핵이라고도 불리는 뇌간에는 연수, 소뇌, 시상, 시상하부 같은 것들이 속한다. 뇌간의 기능을 한 마디로 말하면 인간의 가장 원시적이고 동물적인 행동을 통제하는 것이다. 이를테면 숨 쉬는 것이라든지 배고프면 먹고, 더우면 땀을 흘리고 추우면 몸을 떠는 것들이 뇌간에서 관장하는 일이라고 할 수 있다. 알을 낳는 파충류들도 이런 기능을 하기 때문에 뇌간을 '파충류의 뇌'라고 부르기도 한다.

'식물인간', '뇌사상태' 등과 같은 말들은 바로 뇌간의 기능과 관련이 있다. 좀 더 자세히 설명하자면 식물인간 상태란 사고로 인해 뇌에 심각한 손상을 입으면서 인지기능이 소실되어 논리적으로 생각하고 말할 수 없지만, 호흡의 기능을 담당하는 뇌간은 손상을 입지 않아서 잠을 자거나 깰 수 있고 위장운동도 가능한 것을 의미한다. 따라서 외부에서 생명유지에 필요한 영양공급이 이루어진다면 과학적인 의미에서의 생명활동은 계속 이어나갈 수 있다.

반면에 뇌사상태란 뇌간의 모든 기능들까지 손상을 입었기 때문에 기계에 의존하지 않으면 호흡조차 할 수 없는 상태를 뜻한다. '뇌사'라는 말 그대로 뇌가 죽은 상태이기 때문에 어떤 방법을 취해도 호흡을 할 수 있는 기능이 다시 돌아올 수 없다.

2016년에 국회에서 통과된 '사전연명의료의향서'가 바로 '뇌사상태'와 관련이 된 것이다. 그래서 사전연명의료의향서를 미리 써 둔 사람은 임종과정에 접어들었을 때 무의미하게 생명을 연장하기 위한 심폐소생술이나 인공호흡기 착용 같은 연명의료를 받지 않아도 된다.

뇌가 하는 일 세 가지 중, 두 번째는 감정 그리고 기억과 관련된 것이다. 바로 정서의 중추라고 할 수 있는 변연계에서 그 일을 한다. 예를 들어 우리가 살아가면서 속상한 마음을 표현한다든지 다른 사람들의 기분을 읽어내고 공감하는 것들이 바로 뇌의 변연계라는 곳에서 담당하는 업무이다.

편도체는 특히 공격행동과 밀접한 관련이 있다. 즉 아몬드 모양의 편도체는 공포와 분노의 감정을 느끼게 할 뿐만 아니라 공포를 조절하기 때문에, 편도체가 손상되면 공포를 느끼지 못해서 아주 난폭한 동물이 때로는 온순해지기도 하고 반대로 편도체가 자극되면 공격행동이 유발되기도 한다. 예컨대 원숭이의 세계에서는 계급이 절대적이지만 낮은 계급에 속한 원숭이의 편도체가 고장 나면 하극상이 벌어져 위계질서가 무너지고 만다.

이 변연계에는 '해마'라는 기관이 부속건물처럼 함께 자리하고 있는데, 해마에는 인간이 태어나서 죽을 때까지의 모든 기억이 저장되어 있다. 이렇게 변연계와 해마가 서로 가까이 붙어있기 때문에 인간의 감정과 기억은 아주 밀접한 관련을 가진다.

이를테면 우리가 상대방에 대해 우호적 감정을 가지고 있으면 그 사람과 관련된 아름다운 기억들만 떠오르고, 반대로 어떤 사람에 대해 좋지 않은 감정을 가지고 있을 때 그에 관한 부정적인 기억들이 우선적으로 떠오르는 경험들이 바로 '감정과 기억에는 밀접한 관련이 있음'을 방증한다.

좀 더 구체적으로 예를 들면 부부가 한참 싸우고 있는 순간에는 서로에 대한 감정이 좋지 못하기 때문에 그동안 서운했던 일들이 줄줄이 사탕처럼 계속 생각나기 마련이다. 그래서 신혼 때 서운했던 일까지 모두 포함된다.

이런 예도 들 수 있다. 만약 과거에 우리가 극장에 갔는데 불이 나서 대피한 적이 있었다면, 과연 그 사건을 잊을 수 있을까? 아마 잊을 수 없을 것이다. 이처럼 우리가 경험한 일들 중에서 나의 감정이 개입된 사건들은 중립적인 사건들보다 훨씬 더 잘 기억된다고 볼 수 있다.

지금 어떤 독자는 치매를 떠올릴 수 있다. 치매란 한 마디로 기억력에 문제가 생기는 질병이기 때문이다. 즉, 이는 해마에 문제가 생겼다고 바꾸어 말할 수 있다.

이처럼 치매는 해마와 밀접한 관련이 있지만 변연계와 관련해 우리가 꼭 알아야 할 것이 있다. 치매환자는 기억과 관계되는 해마에 문제가 생겨 인지기능이 떨어지지만, 그럴지라도 감정은 살아있기 때문에 상대방이 자신을 어떻게 대하는지 잘 느낄 수 있다는 사실이다. 이런 연유로 우리가 치매환자를 대할 때는 그들의 감정을 충분히 존중해주어야 한다.

이런 이야기를 들은 적이 있다. 어느 분이 치매에 걸린 어머니를 모시고 살고 있는데, 어느 날 기저귀를 갈아드리자 "살살 좀 해주세요."라고 하셨다는 것이다. 이 말은 치매에 걸려서 기억력이 없어졌기 때문에 자신의 딸을 알아보지는 못할지언정, 상대방이 자신을 사랑으로 대하는지 아니면 거칠게 대하는지 느낄 수 있다는 의미이다.

또 어느 분은 요양원에서 생활하시는데, 한 번씩 요양원의 직원을 할퀴거나 꼬집어서 생채기를 낸다고 한다. 그런데 그 어르신을 관찰하면서 이야기를 들어보니 나름 그럴만한 이유가 있었다고 한다. 이 어르신은 며느리에 대해 풀리지 않은 화가 마음속에 있었고 며느리가 다녀가기만 하면 그 화를 요양원 직원에게 풀어버리는 것이다. 이것도 치매환자들에게 감정적 기억이 살아있음을 말해주는 것이다. 즉, 이 어르신은 기억력 장애로 인해 요양원 직원을 며느리로 착각했지만, 감정은 여전히 살아있다고 볼 수 있다.

이렇게 치매에 걸리더라도 동일하게 감정을 느낄 수 있고, 자신이 과거에 경험했던 감정적 기억도 그대로 가지고 있다. 단지 사고력이나 판단력에 문제가 생겨 감정을 조절할 수 없을 뿐이다. 그러다보니 어린아이처럼 자신의 감정을 감추지 못하고 있는 그대로 다 드러내기 때문에, 통상적으로 치매에 걸리면 어린아이로 돌아간다고 회자되는 것이다.

뇌가 하는 일 중, 마지막 세 번째는 다음 절에서 다루기로 하겠다.

마음공부를 위한 셀프깨달음,
나에게 묻고 답해보기

질문 임종과정에 접어들었을 때 무의미하게 생명을 연장하기
위한 심폐소생술이나 인공호흡기 착용 같은 연명의료를
받지 않아도 되는 '사전연명의료의향서' 작성을 요구받
는다면, 당장 작성할 수 있겠는가?
혹 망설여진다면 그 이유는 무엇인가?

뇌를 구성하는 부분 중 가장 상위 기능에 속하는 대뇌피질은 뇌의 가장 바깥쪽 부위에 해당하는 것으로 4개의 엽(전두엽, 후두엽, 측두엽, 그리고 두정엽)으로 구성되어 있다. 대뇌피질은 부위에 따라 감각, 운동, 언어와 관련된 여러 가지 기능을 수행한다.

먼저 인간의 고등한 정신 과정을 통제하는 전두엽은 대뇌피질의 가장 넓은 부위를 차지한다. 바로 두뇌의 앞부분, 그러니까 이마에서 정수리까지를 말한다. 전두엽은 대뇌피질의 다른 영역으로부터 모든 감각과 운동에 대한 정보를 받으며, 이런 정보를 바탕으로 현재의 상황을 판단하고 상황에 맞게 행동을 계획하고 부적절한 행동을 억제하는 등 전반적으로 인간의 행동을 관리하는 역할을 한다. 즉 대뇌피질은 인간이 계획을 세우고 의사결정을 하며 논리적 사고를 할 수 있도록 도와주는 역할을 하는데, 바로 뇌의 이런 기능 때문에 인간이 동물과는 다르다고 이야기하는 것이다.

그래서 전두엽이 손상되면 감각장애가 발생하고 행동을 실행하지 못하게 된다. 이를테면 우리는 일반적으로 물이 끓고 있는 주전자에 손을 대는 순간 "앗 뜨거워!" 하면서 얼른 손을 떼는데, 전두엽이 손상된 경우 그러지 못하게 된다. 또 아이디어를 구상해서 계획을 세울 수도 없고 좀 더 복잡한 행동이나 새로운 환경에 적응하는 일도 불가능하게 된다.

또한 인간의 전두엽은 감정을 조절하고 충동을 억제하는 방식으로 인간의 정서를 통제한다. 그러니까 우리의 성격이 표현되는 것과도 관련이 있어서 평상시에 온화한 성격의 사람일지라도 전두엽에 문제가 생기면 매우 충동적이고 화를 벌컥벌컥 내는 다혈질로 변할 수 있다. 이렇듯 전두엽이 망가지면 화나 분노를 조절할 수가 없는데, 2003년 대구 지하철 방화범도 뇌출혈 때문에 전두엽이 심하게 망가졌고 그래서 분노조절이 안되어 그런 끔찍한 일을 저지르는 상황에 이르렀다.

이런 사례도 있다. 미국 버몬트주 철도 공사장에서 1847년 피어니스 게이지(Phineas Gage)는 돌을 깨는 발파작업 중 쇠막대기가 자신의 전두엽을 관통하는 사고를 당했다. 그는 수술 후 완쾌되었고 기억이나 지능은 정상이었지만, 사교적이고 느긋했던 성격이 충동적이고 난폭하게 변화되어 결국 직장에서 쫓겨나고 가족과도 떨어져 사는 등 사고 이후의 삶이 순탄하지 않았다고 한다.

다음으로 후두엽은 뇌 뒤쪽(뒤통수)에 해당하며 이곳에는 시각을 담당하는 시각중추가 있어서 시각피질이라 불리기도 한다. 시각피질에서는 시각정보, 즉 눈으로 본 물체의 모양이나 위치, 운동 상태를 분석한다. 따라서 시각피질이 손상되면 눈이나 나머지 시각경로에 이상이 없다고 해도 실명의 가능성이 있다. 또 교통사고 등으로 뇌 뒤쪽의 후두엽이 손상되면 눈의 여타부위에 이상이 없더라도 시력을 상실할 수도 있다.

후두엽과 관련해 한 가지 기억할 것은 시각적 자극에 과하게 노출된 뇌를 '팝콘 브레인(popcorn brain)'이라 부른다는 것이다. 팝콘 브레인이란 우리의 뇌가 팝콘이 터지듯 크고 강렬한 자극에만 반응을 보이는 현상으로, 계속 게임을 하거나 영상을 관람하면 조용히 책을 읽을 때는 활발하게 움직였던 전두엽이 거의 움직이지 않게 되고 뇌 뒤쪽의 후두엽만 조금 움직이는 것이다.

우리가 팝콘 브레인에 주목해야 하는 이유는 아이들이 어릴 때부터 텔레비전이나 스마트폰을 통해 영상을 보는 시간이 많아지게 되면, 주로 전두엽보다는 후두엽을 통해 자극을 받아들이기 때문에 집중력이나 사고력이 떨어지고 감정조절이 잘 되지 않아서 의사소통에 문제가 생길 수 있기 때문이다. 더욱이 전두엽의 발달은 주로 12~13세 정도에 이루어지는데, 전두엽이 충분히 발달하기 전에 자극적인 영상에 길들여지면 팝콘 브레인 현상은 더욱 심해질 수밖에 없다.

따라서 부모는 말할 것도 없고 조부모로서 손자손녀를 돌봐주어야 할 때도 아이들이 무조건 미디어에 의존하지 않도록 시간을 정확히 정해서 영상물을 보도록 하는 방안이 필요하다. 관람 후 아이와 함께 본 내용을 가지고 이야기 나누는 시간을 가지는 것도 좋은 방법이 될 수 있다.

청각적 자극은 시각적 자극과는 달리 전두엽의 발달에 매우 도움이 된다. 이를테면 음악은 우리의 상상력을 자극하며, 평상시에 귀를 통해 강의를 들을 때 드는 여러 가지 생각이나 의문 또한 우리의 전두엽을 충분히 자극할 수 있다.

그 다음은 뇌의 양쪽 옆면(양쪽 귀가 있는 부분)에 해당하는 측두엽인데, 측두엽은 청각정보를 처리한다. 그래서 이 영역이 손상을 입으면 귓속의 청각기관에 문제가 없어도 청각정보를 처리할 수가 없다. 예컨대 측두엽이 손상을 입으면 비행기가 지나가며 내는 소리를 들어도 이 소리가 무슨 소리인지 구분해낼 수 없다.

측두엽은 언어의 이해에 관여하는 브로카 영역과 베르니케 영역이 있는 곳이기도 하다. 왼쪽 전두엽에 있는 브로카 영역(언어의 표현성)은 언어 구사능력과 관련이 된다. 따라서 이 영역이 손상되면 단어를 정확하게 발음하지 못하고 접속사가 누락되며 핵심 명사만으로 의사를 전달하게 되는, 이를테면 말을 하는 것에 어려움을 겪는 표현성 실어증이 발생할 수 있다.

왼쪽 측두엽이 손상을 입어 뇌졸중(중풍)이 와도 말하는 데 어려움을 겪는 실어증에 걸릴 수 있다. 이때 인지기능의 장애가 수반되는 것은 아니므로 언어로 지시하는 바를 이해할 수는 있지만 그것을 말로 따라 할 수는 없다.

그리고 왼쪽 측두엽에 있는 베르니케 영역(언어의 이해력)은 언어의 이해와 파악에 중추적인 역할을 한다. 따라서 이 영역이 손상되면 상대방이 말한 단어의 의미를 파악하지 못하는 '수용성 실어증'이 발생한다. 이를테면 상대방이 "너 죽을래?"라고 말해도 그것이 무슨 뜻인지 모르게 된다. 다시 말해 이들의 경우, 유창하게 말을 잘 할 수 있지만 언어의 의미를 이해하지는 못하며, 이보다 더 큰 문제는 자신이 나른 사람의 말을 이해하지 못한다는 사실조차 인식할 수 없다는 것이다.

마지막으로 두정엽은 뇌의 정수리 부분에 해당한다. 두정엽은 체감각이나 운동감각을 받아들여 해석하고 평가하는 기능을 한다. 즉 어떤 것을 생각해 만들어내기 때문에 두정엽이 손상되면 아무것도 알지 못하는 '무인식증' 상태가 되어 아무것도 할 수 없게 된다. 더불어 지남력인 공간감각 기능과도 관련이 있기 때문에 두정엽이 손상되면 공간상에서 자신의 위치도 파악할 수가 없다. 예컨대 여러 갈래로 뻗어있는 광화문 지하도에서 자신의 위치를 인식하는 것도 두정엽과 관계가 있다고 볼 수 있다.

한 마디로 말하면 두정엽은 우리 몸의 통합 중추기능을 담당한다. 다시 말해 시각, 청각 혹은 체감각 피질을 통해 들어온 정보들을 통합한다. 뿐만 아니라 복잡한 수학 문제를 푸는 것도 두정엽에서 수행하게 되는데, 따라서 이 부위를 발달시키기 위해서는 어릴 때부터 퍼즐 게임, 도형 맞추기, 관련 숫자 및 언어 맞추기 같은 훈련이 필요하다.

여기서 한 가지 재미있는 사실은, 아인슈타인의 뇌가 일반 사람들의 뇌와 다른 양상을 보인 부분이 바로 두정엽이라는 점이다. 그러니까 아인슈타인의 두정엽은 일반사람들의 평균보다 15% 더 크고 뇌세포들도 더 조밀한 것으로 밝혀졌다.

마음공부를 위한 셀프깨달음,
나에게 묻고 답해보기

질문 인간의 뇌 중 대뇌피질은 우리의 언어사용과,
정서조절 및 몸의 언어라고 할 수 있는 감각들(오감)과
깊이 관련되어 있기 때문에 매우 중요하다.
그래서 뇌를 귀하게 다루어야 하는데,
혹 지금까지 살아오면서 누군가가 나의 머리를 때리거나
함부로 대했던 경험이 있는가?
아니면 내가 다른 사람에게 그렇게 했던 경험이 있는가?

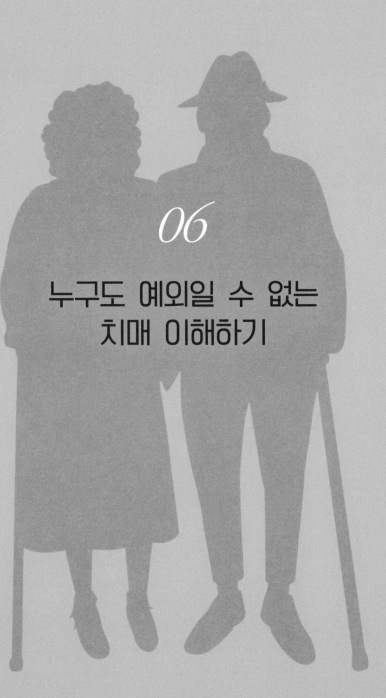

06

누구도 예외일 수 없는
치매 이해하기

누구도 예외일 수 없는
치매 이해하기

: 치매 이해하기

한국인의 평균 수명이 80세를 넘어가면서 질병을 안고 노년기를 보내는 분들이 많아지고 있다. 노년기에 가장 무서워하는 병은 뭐니 뭐니 해도 '치매'라 할 수 있으며 치매환자의 수 또한 점점 늘어나고 있다.

2016년 65세 이상 치매 유병률, 그러니까 노인 인구 100명당 치매환자의 수는 10명이다. 이는 10명 중 한 명이 치매라는 말이다. 보건복지부에 따르면 치매환자가 2013년에 57만 6,000명에서 2016년 7월에는 약 61만여 명으로 늘었으며 2025년에는 100만 명 그리고 2050년에는 271만 명을 돌파할 것으로 예상하고 있다.

이렇게 흔한 질병이기 때문에 그 누구도 치매로부터 완벽히 자유롭다고 단언할 수는 없다. 그렇다면 치매가 뭘까?

'치매(dementia)'라는 단어를 분석해보면 라틴어 'de'는 '지우다, 없애다'라는 뜻이고 'ment'는 'mental'에서 보듯 '마음'이라는 뜻이다. 거기에 병을 뜻하는 어미 'ia'가 붙은 것이니, 그대로 옮기면 '마음이 지워지는 병'이라고 할 수 있다. 또 한자로는 '어리석을 치(癡)'에 '어리석을 매(呆)'로서 그대로 옮기면 '어리석고 또 어리석은'이라는 뜻이 된다.

과거에는 치매를 '노망' 혹은 '망령'이라는 단어를 쓰면서 노인이 되면 당연히 겪게 되는 노화 현상이라고 생각했다. 하지만 현재는 물론 노화가 문제가 되기도 하지만 특정한 병적 원인으로 인해 뇌세포가 빠르게 파괴되는 질환으로 본다.

따라서 치매를 정의하면 "다양한 원인에 의해 뇌 기능이 손상되면서 이전에 비해 기억력을 포함한 여러 인지기능(사고력과 판단력)이 지속적으로 저하되어 일상생활에 지장이 나타나는 상태"이다. 특별히 65세 이전에 발병하는 치매를 '초로기 치매'라고 부른다. 이렇듯 기억력에 문제가 생긴다는 특징으로 처음에는 자꾸 깜박 잊는 것에서부터 치매가 시작되기 때문에, 사람들은 건망증을 치매로 오인하기도 한다. 반대로 치매인데도 건망증으로 가볍게 생각해버리는 경우도 있다.

그래서 건망증과 치매를 구분할 필요가 있다. 먼저 건망증은 전체 사건에 대해서는 잘 기억하는데, 사건의 세세한 부분을 잊어버리는 경향이 있다. 하지만 귀띔을 해주면 금방 기억한다. 반면에 치매는 사건의 발생 자체를 통째로 기억하지 못하는 것이다. 그러니까 아무리 귀띔을 해주어도 소용이 없다. 다시 말해 우리의 기억 과정은 부호화 −저장−인출의 세 단계를 거치는데, 건망증은 저장해둔 것을 인출하는 과정에 잠시 문제가 생긴 것이다. 하지만 치매는 뇌세포가 실제로 파괴된 것이라고 할 수 있다.

예를 들면 딸이 냉동실 문을 열었다가 엄마의 핸드폰을 발견하고는 엄마에게 가져갔다. 당연히 엄마는 어디서 찾았느냐고 물었을 것이다. 그때 딸이 귀띔(정보)을 해줄 때 "맞아, 내가 아까 저녁준비를 하면서 전화를 받고 냉동실에 멸치 봉지와 함께 넣어버렸구나."라고 한다면 그것은 건망증이다. 그런데 "얘가 지금 무슨 말을 하는 거야. 내가 왜 핸드폰을 냉동실에 넣겠니? 바보도 아니고…." 하시면서 끝까지 본인은 냉동실에 넣어두지 않았노라고 우기신다면 치매인지 한 번 의심해보아야 할 것이다.

건망증이나 치매와 더불어 '경도인지장애'라는 것이 있다. 흔히 경도인지장애를 '치매라는 문 앞에서 문고리를 잡고 서 있는 사람들'이라고 표현하는데, 정상적인 노화와 치매의 중간 정도 단계에 해당된다고 볼 수 있다.

좀 더 구체적으로 말하면 '경도인지장애'는 단순한 기억장애인 건망증과는 차이가 있어서 또래의 사람들과 비교해보면 기억력이 현저하게 떨어진다. 하지만 경도인지장애일지라도 일상생활을 하는 데는 별 문제가 없기 때문에 그냥 지나치기 쉬운데, 이 시기에 아무런 조치를 취하지 않으면 치매로 이어지는 속도가 아주 빨라질 수 있다.

흔히 치매가 발생하기 5년 정도 전부터는 경도인지장애 상태가 시작된다고 한다. 일반적으로 경도인지장애의 약 10% 정도는 1년이 지나면 치매상태에 이르고 5~6년 정도 후에는 80% 정도가 치매 상태에 이르게 된다.

기억해야 할 것은 앞에서 치매를 '기억력과 같은 일상생활 전반에 걸쳐 지장이 나타나고 있는 상태'라고 정의했던 것처럼, 치매는 '증상'을 의미한다는 것이다.

따라서 '치매'와 '알츠하이머 치매'는 구분되어야 하는데, 우리가 흔히 알츠하이머 치매라 부르는 것은 알츠하이머 병으로 인해 생긴 치매를 뜻한다. 알츠하이머 치매는 국내 치매환자의 60% 이상이 차지할 정도로 우리에게 잘 알려져 있다. 다음은 '혈관성 치매'로 그 비율이 20~30% 정도라고 하는데, 이 두 가지 치매를 구분하면 다음과 같다.

먼저 알츠하이머 치매는 퇴행성 뇌질환으로 뇌세포가 서서히 줄어들어 뇌가 위축되는 질환인데, 1907년 독일의 정신과 의사인 알츠하이머 박사에 의해 알려졌기 때문에 알츠하이머로 불리게 되었다.

알츠하이머 치매는 뇌세포들이 죽어가는 것이므로 초기에는 주로 단기기억, 즉 방금 한 일이나 최근에 있었던 일을 기억하는 데에 문제를 보이다가 점점 판단력이 떨어지면서 성격 변화가 일어나기도 하고 결국에는 자신이 누구인지도 모르는 상태에까지 이르게 된다. 죽은 뇌세포는 다시 재생되지 않기 때문에 치매를 완치할 수는 없지만, 알츠하이머 치매는 서서히 진행되는 특징이 있으므로 초기에 발견해 약물치료를 병행한다면 그 속도를 늦출 수는 있다.

혈관성 치매는 뇌혈관에 혈액공급이 원활하게 이루어지지 않아 뇌세포가 죽기 때문에 생기는 것이다. 뇌세포는 영양공급을 필요로 하기 때문에 혈관을 통해 필요한 영양분들을 공급받는다. 따라서 혈관에 혈액이 잘 공급되도록 해야 하는데, 혈관이 막혀서 혈액이 공급되지 못하는 것을 '뇌경색'이라 하고 혈관이 터져서 혈액이 공급되지 못하는 것을 '뇌출혈'이라고 한다.

뇌경색이나 뇌출혈이 반복되면 영양분을 공급받지 못한 뇌세포가 죽게 되면서 치매로 이어질 수 있는데, 뇌출혈보다는 뇌경색이 원인이 되는 경우가 훨씬 많다고 한다. 혈관성 치매는 서서히 진행되는 알츠하이머 치매와 달리 뇌경색이나 뇌출혈과 관련이 있기 때문에 갑자기 발생하기도 하고 또 상태가 급속히 악화되기도 한다.

이처럼 우리 몸의 사령탑이라 할 수 있는 뇌는, 작지만 우리 몸이 필요로 하는 혈액의 20% 이상을 사용하기 때문에 혈액공급과 혈액순환이 잘 될 수 있도록 해야 한다. 평소에 음식섭취나 운동뿐만 아니라 고혈압, 당뇨, 고지혈증, 비만이나 심장질환 등의 관리와 치료에도 신경을 써야 한다는 것을 의미한다.

다음은 경도인지장애 자가진단 체크리스트인데, 이것은 정확한 진단을 내려준다기보다 전문적인 치매진단을 받아야 하는지 아닌지에 대한 기준을 제시하는 검사라고 할 수 있다.

✓ 자가진단 체크리스트

1. 오늘이 몇 월이고, 무슨 요일인지 잘 모른다.
2. 자기가 놔둔 물건을 찾지 못한다.
3. 같은 질문을 반복해서 한다.
4. 약속을 하고서 잊어버린다.
5. 물건을 가지러 갔다가 잊어버리고 그냥 온다.
6. 물건이나 사람의 이름을 대기가 힘들어 머뭇거린다.
7. 대화 중 내용이 이해되지 않아 반복해서 물어본다.
8. 길을 잃거나 헤맨 적이 있다.
9. 예전에 비해 계산 능력이 떨어진다.(물건 값, 거스름돈 계산)
10. 예전에 비해 성격이 변했다.
11. 이전에 잘 다루던 기구(세탁기, 전기밥솥 등)의 사용이 서툴러졌다.
12. 예전에 비해 방이나 집안의 정리 정돈을 하지 못한다.
13. 상황에 맞게 스스로 옷을 선택해 입지 못한다.
14. 혼자 대중교통 수단을 이용해 목적지에 가기 힘들다.(신체적 문제로 인한 것 제외)
15. 내복이나 옷이 더러워져도 갈아입지 않으려고 한다.

*이 문항들에서 '그런 증상이 없다'면 0점, '약간 있다'면 1점, '심하게 있다'면 2점을 준 후 합해서 점수가 높을수록 경도인지장애가 있는 것으로 생각하면 된다. 즉 8점 이하로 나오면 괜찮은데, 8점 이상이 나오면 경도인지장애로 보아야 한다. 따라서 8점 이상이라면 치매안심센터를 방문하거나 의료기관의 전문적인 검진을 통해 좀 더 정확한 진단을 받을 필요가 있다.

마음공부를 위한 셀프깨달음,
나에게 묻고 답해보기

질문 만약 내가 치매에 걸린다면 어떤 점이 가장 걱정되고
또 두려운가?

: 치매의 대표적 증상들

치매의 증상은 너무 다양하다. 아침을 먹은 후 약을 먹었는지 안 먹었는지 전혀 생각이 나지 않는 것으로부터 시작해, 어느 어르신은 복지관에 오실 때 한 여름인데 밍크코트를 입고 오시거나 털 부츠를 신고 오셔서 자신을 쳐다보는 사람들이 많다고 좋아하시기도 한다. 그래서 치매의 증상을 단계별로 나누어 살펴볼 필요가 있다.

치매 초기에는 가족이나 주변 사람들이 조금 이상하다고 느끼면서 문제를 알아차리기는 하지만, 혼자서도 충분히 일상생활이 가능하기 때문에 이따금씩 만나는 사람들은 이 사람이 치매라는 생각을 전혀 하지 못하기도 한다. 그래서 혼자 사시는 독거 어르신들의 경우 자녀들이 있어도 멀리 떨어져 살면 치료 가능한 시기를 놓쳐버릴 수 있다.

치매 초기 때 자주 일어나는 일은 방금 했던 말이나 행동을 잊어버리고 계속 반복한다는 것이다. 이를테면 딸이나 아들에게 전화를 하고는 전화했다는 사실을 잊어버려서 하고 또 한다. 혹은 양파를 가지러 베란다에 가기는 했는데 자신이 왜 베란다에 왔는지 잊어버려서 머뭇거리기 일쑤다. 냉동실 문을 열기는 열었는데 무엇을 꺼내려 한 것인지 생각이 나지 않는다. 때로는 자신이 평상시에 자주 사용하는 물건을 코앞에 두고도 찾느라 애를 쓴다. 예컨대 외출을 하면서 방금 가방에 넣은 열쇠를 찾느라고 정신이 없다. 약속 날짜를 메모해두거나 달력에 표시해두지 않으면 잊어버리는 경우가 다반사다.

치매 중기 때는 그 누구라도 그 사람이 치매임을 쉽게 알아차릴 수 있는 단계로, 어느 정도의 도움을 필요로 한다. 단기 기억이나 최근의 일뿐만 아니라 조금 오래된 기억에도 구멍이 뚫리기 때문인데,

6개월이나 1년 전에 갔던 여행지에서의 일들을 기억하지 못하기도 하고 어느 경우엔 여행을 간 경험 자체를 통째로 잊어버리기도 한다.

사고력이나 판단력에도 문제가 생긴다. 이를테면 5,000원 주고 얼갈이 김치 한 봉지를 사와서는 커다란 김치냉장고용 김치통에 담아두거나, 먹고 조금 남은 삶은 양배추를 찌개용 냄비에 담아서 싱크대 아래 선반에 넣어두기도 한다. 이뿐만이 아니다. 늘 다니던 익숙한 곳임에도 낯선 곳인 양 헤매는 일이 잦아진다. 계절에 민감하지 못해서 여름에도 자신은 추위를 탄다며 위아래 내복을 껴입으려 한다.

돈이나 세금관리는 당연히 힘들다. 핸드폰을 무음이나 진동으로 바꾸는 간단한 조작도 어려워서 가르쳐드려도 금방 잊어버린다. 음식을 할 때도 요리 순서 중에 한두 가지를 건너뛰기 일쑤다. 예컨대 계란찜을 한다면 새우젓을 어느 정도 넣어야 할지 감을 잡지 못해서 계란새우젓 찜이 되거나 아니면 싱거움 그 자체다. 또 콩장을 조리한다면 간장만 넣고 물엿이나 설탕을 넣을 생각은 전혀 하지 못한다.

치매 말기 때는 인지기능의 저하가 크게 두드러지고 신체적인 문제까지 나타나 독립적인 생활이 전혀 불가능하다. 본인의 집임에도 불구하고 거실에서 화장실을 찾지 못해 맴도는 일이 잦아진다.

이처럼 대부분의 기억이 상실되어 배우자나 자식들도 알아보지 못하고 때로는 거울에 보이는 사람이 자기 자신임에도 낯설어한다. 어떤 판단을 내리기 어렵고 간단한 지시사항도 따라할 수 없게 된다.

더욱이 알츠하이머 치매를 제외한 다른 원인들에 의해 생긴 치매들은 거동 또한 힘들다. 그러다보니 대부분의 시간을 누워서 지내게 되고 대소변도 가릴 수 없는 상태가 된다. 물론 식사를 하거나 옷을 입거나 세수를 할 때도 다른 사람의 도움이 필요한데, 어르신들이 치매를 가장 두려워하는 이유가 바로 이런 모습 때문일 것이다.

어느 정도 반복되는 부분도 있지만 치매에 관한 이해와 치료를 위해 증상들을 몇 가지 영역별로 나누어 살펴보려 한다.

첫째, '기억력 장애'를 들 수 있다.

아침 식사를 하고 자녀와 전화하던 중 "엄마, 오늘 아침은 뭐 해서 드셨어요?"라고 딸이 물으면 전혀 기억이 나지 않아 대답하지 못하는 경우가 다반사다. 이처럼 쉽게 잊히는 단기기억과 달리, 장기기억은 오래 기억된다. 그러다보니 다음과 같은 문제가 생길 수 있다.

평생 베개 속에 넣어두었던 패물들을 어느 날 딸이 와서 엄마와 함께 장롱 속에 옮겨놓았다. 그런데 단기기억은 사라지고 장기기억만 남았기 때문에 이 어르신은 패물이 없어졌다며 난리를 치신다. 때로는 여기서 더 나아가 가족 중에 누군가가 훔쳐갔다는 피해망상에 사로잡히기도 한다.

이런 경우도 있다. 경로당에 일주일에 한 번씩 옷 보따리를 가져와 옷을 파시는 분이 있다. 그런데 어느 어르신은 매번 똑같은 바지를 계속 산다. 왜일까? 자신이 지난주에 바지를 샀다는 것을 기억하지 못하기 때문이다. 혹은 외상으로 샀는데 그 사실을 잊어버려 갚지 않게 되고 그러다보니 다툼이 일어나기도 하는데, 주로 이런 사건들을 통해 치매에 걸렸다는 사실이 주변에 알려지게 된다.

둘째, '계산능력 장애'를 예로 들 수 있다.

처음에는 물건을 사고 거스름돈 받는 것을 잊어버리거나, 거스름돈을 계산하는 것에 서투르다가 점점 간단한 덧셈이나 뺄셈을 하는 것도 힘들어 한다. 예컨대 딸의 나이를 물으면 '64년생이에요.'라고 대답해서 '그럼 몇 살인가요?'하고 물으면, 손가락으로 '65, 66, 67, 68, 69'까지 센 다음 왼쪽 손가락을 하나 접고 다시 '70, 71, 72….' 이런 식으로 계산하다가 결국에는 포기하고 만다.

셋째, '지남력 장애'이다.

지남력이란 현재 자신이 놓여있는 상황을 올바르게 인식하는 능력으로서 지남력 장애란 통상 시간이나 날짜, 장소, 그리고 상대방이 누구인지를 알아보지 못하는 것이다. 그러니까 정도가 심해지면 시간 개념이 점점 없어져서 까마득한 과거의 일을 어제 일어난 일처럼 말하기도 하고 자신의 집이 1층인지 2층인지의 구별도 못하게 된다.

이런 일도 생긴다. 어떤 어르신이 음식점에서 식사를 하고 문밖 정면에 있는 화장실에 가셨는데 아무리 기다려도 오시지 않았다. 그래서 동행했던 아들이 나가 식당 앞에서 서성거리고 계셨던 어르신을 찾았다. 이유를 여쭤보니 식당 유리창을 통해 내부를 들여다보았는데 가족이 보이지 않았기 때문이었다고 한다. 그러니까 가족이 창가에 앉은 것이 아니라 식당 안쪽 장소에 앉아 있다는 사실, 즉 위치에 대한 개념이 없어졌기 때문이다.

넷째, '감정적 장애'이다.

치매환자들에게서 보이는 감정적 장애를 일반적으로는 '성격이 변했다'고 표현하기도 하는데, 실은 뇌세포가 죽어서 전두엽에서 감정조절을 해주지 못하며 여러 문제가 발생하는 것이다. 이런 일은 흔하게 일어난다. 치매환자는 자신이 기억을 못한다는 사실을 모르기 때문에 남들이 주는 피드백, 예를 들어 '당신이 가방을 안 들고 온 게 맞아.'라는 식의 말을 들으면 아니라고 거칠게 우길 때가 많다. 그러다보니 남에게는 고집이 세고 독선적인 사람으로 비춰지기도 한다.

전반적인 판단을 돕는 전두엽에 문제가 생겼기 때문에 객관적인 상황에 맞지 않게 무조건 우겨대기도 한다. 예컨대 평소에 신던 신발의 뒤축이 나가서 질질 끌고 다니면서도 아직 신을만하다며 그 신발만을 고집하는 경우다. 치매가 오더니 성격이 신경질적으로 변했다고 하는 것은 바로 이런 이유들 때문이다.

다섯째, '사고력 장애'이다.

이것도 뇌의 전두엽과 관련이 있다. 인간의 고등한 정신 과정을 통제하는 전두엽은 현재의 상황을 판단하고 상황에 맞게 행동을 계획하고 부적절한 행동을 억제하는 등, 전반적으로 행동을 관리하는 역할을 한다.

하지만 치매에 걸리면 바로 이 부분이 손상되기 때문에 조금만 상황이 복잡해지면 어쩔 줄 몰라 한다. 예를 들어 타지에서 여행하다가 점심을 해결할 식당을 찾기 어려울 때가 있다. 이런 경우에도 무조건 '집에 밥해놓은 것 있으니 집으로 가서 먹자'고 우기시는데, 이런 식으로 판단력에 문제가 생긴다.

더욱이 물건들을 버리지 않고 쌓아두는 분들도 있다. 예컨대 다 먹은 요거트 용기들이나 1회용 그릇들이 싱크대 수납장 안에 수십 개씩 가득한 경우이다. 왜일까? 우리가 앞에서 뇌에 대해 살펴 본 것처럼 전두엽이나 측두엽의 손상으로 이 물건들이 중요한지 중요하지 않은지에 대한 판단이 서지 않기 때문이다. 이뿐만이 아니다. 치매에 걸렸는데 혼자 살고 계신다면 냉장고를 꼭 확인해봐야 한다. 음식들이 변해서 곰팡이가 피었어도 그것을 버려야 하는지에 대한 판단이 서지 않기 때문에 그대로 두거나, 때로는 먹기까지 한다.

마지막으로 '이상행동'을 보인다.

예를 들면 어떤 분들은 종일 거리를 배회하며 돌아다닌다. 또는 내내 텔레비전 앞에서 뉴스 채널만 찾아 리모컨을 누른다. 행주를 가지고 계속해서 무언가를 닦기도 한다. 줄곧 마늘만 까는 분들도 있다. 요양원에서 생활하시는 어느 어르신은 간식을 드리면 그것이 어떤 것이든 무조건 옷장 안에 넣어두신다. 아이스크림이든 찐 고구마이든 상관없이 무조건 옷장 안으로 들어간다. 어느 여성 어르신은 데이케어센터에서 20여 명 중 청일점인 남성 어르신을 졸졸 따라다니면서 배우자처럼 챙겨드린다.

물론 한분 한분 이야기를 나누다 보면 그런 행동의 이유를 알게 되는 경우도 있다. 간식을 옷장 안에 넣어두시는 어르신의 경우 이런 사연이 있었다. 옛날에 아들을 낳았는데 그 아이를 두고 다시 시집을 가게 되었다. 현재까지 아들의 소식을 모르지만 죄책감 때문에 간식을 드시지 않고 아들이 오면 주려고 옷장 안에 넣어두시는 것이다. 앞서 언급한 것처럼, 치매에 걸렸어도 감정은 살아있으므로 이상행동을 보일 때 나무라거나 비난하기보다 그 행동을 하기까지의 심정을 헤아리는 마음으로 대화해야 함을 잊지 말아야겠다.

마음공부를 위한 셀프깨달음,
나에게 묻고 답해보기

질문 본문의 사례 중에는 옛날에 어린 아들을 두고 다시
결혼을 했던 죄책감 때문에, 받는 간식을 드시지 않고
무조건 옷장 안에 넣어두시는 치매 어르신이 있었다.
이처럼, 혹 가슴 속에 맺힌 나만의 사연에는 어떤 것이
있을까?

: 치매에 대처하는 최선의 방법은?

치매는 증세가 두드러져 분명하게 나타나기 전에 발견해서 치료하는 것이 중요하다. 그렇게 하지 않으면 치매 당사자는 말할 것도 없고 그 가족들까지 고통을 받게 된다.

치매는 한 가지 원인이 아니라 다양한 원인에 의해 발생하기 때문에 환자의 10% 정도는 초기에 원인치료를 하면 완치도 가능하다. 더욱이 초기에 발견할수록 약물치료를 통한 치료효과가 크다고 할 수 있는데, 이는 조기 약물치료로 설령 완치는 안 되어도 치매의 진행속도를 많이 늦출 수 있다는 뜻이다.

그렇다면 치매인지 아닌지의 여부를 어떻게 알 수 있을까? '치매안심센터'라는 곳이 있는데, 대개는 각 구의 보건소 내에 있다. 그곳에 가면 '간이 치매 검사'를 할 수 있다. 그 검사결과를 토대로 보건소와 연계된 병원에서 좀 더 정밀한 치매검사와 임상평가를 받을 수 있다. 이 모든 검사는 무료로 이루어지며, 개인적으로 병원에 가서 치매검사를 받을 수도 있는데 그런 경우에는 본인이 검사비용을 부담해야 한다.

정밀검사 결과에 따라 치매진단을 받아서 약을 복용할 경우 영수증과 통장을 가지고 보건소에 가서 신청하면 월 3만 원까지 약값과 간단한 치매용품도 지원받을 수 있다. '치매안심센터'에서는 치매환자와 가족들에게 1:1 맞춤형 사례관리 서비스도 지원한다. 뿐만 아니라 치매검사를 통해 경도인지장애 판정을 받은 어르신들을 대상으로 진행되는 치매예방 프로그램에도 신청 후 참여할 수 있다.

또한 치매진단을 받으면 국민건강보험공단에 전화하거나 인터넷으로 치매등급 즉 노인장기요양 등급을 신청할 수 있다. 3일 내에 집에서 방문 조사를 받게 되는데 1~5등급, 인지지원 등급으로 환자를 분류하고 있다.

치매등급을 받으면 재가급여나 시설급여를 이용할 수 있는데, 예를 들어 만약 50만 원어치 방문요양이나 방문목욕을 이용하면 본인부담금은 7만 5천 원 정도 된다. 이런 것들을 잘 이용하면 치매환자뿐 아니라 그 가족에게도 큰 도움이 될 것이다.

우리가 '예비 부부교육', '예비 부모교육'이라는 말들을 하는데, 이런 예비교육을 받은 사람들일수록 부부나 부모역할을 잘할 확률이 크다. 학생이 예습을 하고 수업에 참여하면 학습효과가 더 좋은 것처럼, 우리도 치매예방에 도움이 되는 방법들을 잘 알고 실천한다면 아무래도 치매에 걸릴 확률이 줄어들 것이다.

그리고 혹 치매에 걸리더라도 이상행동이나 욕설을 퍼붓고 남을 때리는 등의 거친 모습들이 덜 나타날 것이다. 왜냐하면 소위 '예쁜 치매'라는 표현이 있듯이 치매가 와도 감정조절을 어느 정도는 할 수 있기 때문이다.

그렇다면 치매예방, 어떻게 시작하면 좋을까? 먼저 다음과 같은 예를 들어보겠다. 서울에서 부산까지 가는 방법은 수없이 많다. 그런데 유치원생쯤 되는 아이들에게 서울에서 부산까지 가는 방법을 물으면 세네 가지 밖에 대답하지 못할 것이다. 예컨대 '기차를 타요.', '고속버스를 타요.'라는 식으로 몇 가지 방법만을 제시할 것이다.

반면에 정상적인 어른이라면 서울에서 부산까지 가는 방법을 수없이 많이 알고 있을 것이다. 하지만 치매환자의 경우 어린애처럼 한두 가지 방법밖에 모른다. 그 이유는 뇌세포가 파괴되다 보니 뇌세포들을 연결하는 시냅스의 수가 줄어들어서 수많은 방법들을 기억해낼 수 없기 때문이다.

이렇듯 뇌세포는 일단 손상되면 재생되지 않기 때문에 오랫동안 건강하게 유지될 수 있도록 노력해야 한다. 결국 젊어서부터 몸을 건강하게 유지해야 한다는 뜻이고, 몸은 또 마음과 연결되어 있기 때문에 평상시 스트레스 관리를 잘해서 마음을 평온하게 해주어야 한다.

그런데 치매예방을 위해 몸과 마음을 잘 관리해나가는 방안은 너무나 광범위하다. 따라서 이 책에서는 나덕렬 교수(서울 삼성병원)가 만든 치매예방 슬로건인 '진인사대천명'이라는 옛말을 가지고 치매예방 수칙들에 대해 설명하고자 한다. '진인사대천명'이란 '자기 할 일을 다하고 하늘의 명을 기다리라'는 의미인데, 이런 마음을 가지고 아래와 같은 치매예방 수칙들을 실천한다면 틀림없이 좋은 결과를 얻게 될 것이다.

첫째, 진(盡)은 진땀나게 운동하기이다. 일부 치매질환의 경우, 부족한 신체활동에 의해 발생하기 때문에 규칙적인 운동이 치매를 예방하는 데 도움을 준다는 연구결과가 있다. 또한 규칙적인 운동은 기타 합병증을 감소시키는 부가적인 역할도 하므로 나이가 들수록 몸을 많이 움직여주면 신체적 기능, 더 나아가 정신적 기능까지 잘 유지할 수 있다.

둘째, 인(人)은 인정사정없이 담배 끊기이다. 담배를 피우면 아무래도 심혈관질환의 위험이 높아지기 때문에, 담배를 피운지 25~30년이 지난 후에는 알츠하이머 치매의 위험이 2.5배 늘어난다고 한다. 뇌세포가 건강하기 위해서는 혈관을 통해 혈액을 꾸준히 공급받아야 한다. 그러나 담배를 피우면 혈관이 깨끗하지를 못해서 막히기 때문에 치매에 치명적이라 할 수 있다.

셋째, 사(事)는 사회활동을 활발히 하는 것이다. 가족이나 친구들과 소통이 없이 외롭게 지내는 사람은 그렇지 않은 사람에 비해 치매가 생길 위험이 1.5배 높다고 한다. 인생은 어쩌면 '이야기의 연속'이라 할 수 있다. 즉 우리는 관계 속에서 '서로의 마음속 이야기'를 나누게 되는데, 이야기를 통해 이미 벌어진 사건들을 없앨 수는 없지만, 그 사건들로 인해 생긴 나만의 가슴속 사연들을 풀어낸다면 억누른 감정들이 몸의 질병으로 이어지는 일은 훨씬 줄어들 것이다.

넷째, 대(待)는 대뇌활동을 적극적으로 하는 것이다. 책이나 신문을 읽고 끊임없이 새로운 것을 학습하는 것은 뇌 운동에 도움이 된다. 퍼즐을 맞추거나 손가락을 움직이는 활동을 하거나 악기를 다루는 것도 좋다. 어항을 통해 물고기들이 움직이는 모습을 관찰하는 것도 뇌에 자극을 주는 좋은 방법이다. 하지만 텔레비전을 오래 시청하는 것은 좋지 않다. 이것은 뇌에 자극을 주는 것 같지만 실제로는 상호작용 없이 수동적으로 받아들일 뿐이기 때문에 전혀 도움이 되지 못한다.

다섯째, 천(天)은 천박하게 술 마시지 않기이다. 술을 과하게 마시는 것은 치매 유발을 떠나서 뇌 건강에 해롭다. 한 번에 두 잔 이상을 3~4일 이상 마시면 치매위험이 높아진다고 한다. 술을 많이 마시면 '필름이 끊긴다'고 말하는 것처럼 이는 기억상실로 이어진다. 기억상실에는 단기적으로든 장기적으로든 뇌 손상이 뒤따르게 되고, 뇌손상은 결국 치매로 이어질 수밖에 없다.

여섯째, 명(命)은 명을 연장하는 식사하기이다. 이는 제때에 골고루 적당히 먹는 것이 중요하다는 말이다. 비만인 사람이 3년 후 치매에 걸릴 확률은 정상 체중인 사람에 비해 1.8배 높다고 한다. 특히 매일 채소나 과일을 먹고 싱겁게 먹어야 한다는 것도 기억하자. 특별히 뇌에 좋은 음식으로는 물(체내에서 물이 부족하면 혈전의 생성 촉진), 생선(오메가3 지방산), 우유(칼슘은 뇌신경을 조절), 종합영양제와 비타민류, 그리고 녹차 등이 있는데 녹차는 뇌의 활성화를 돕는다고 한다.

'그림의 떡'이라는 말이 있듯이, 보는 것만으로는 허기진 배를 채울 수 없다. 마찬가지로 알고 있는 것만으로는 아무 소용이 없다. 실천할 때 내 것이 된다.

마음공부를 위한 셀프깨달음:
나에게 묻고 답해보기

질문 본문에 나온 6가지 치매예방 수칙들(진인사대천명) 각각에 대해 점수를 매겨보자. (1~10점으로)

① 진땀나게 운동하기 (   )

② 인정사정없이 담배 끊기 (   )

③ 사회활동 활발히 하기 (   )

④ 대뇌활동 적극적으로 하기 (   )

⑤ 천박하게 술 마시지 않기 (   )

⑥ 명을 연장하는 식사하기 (   )

07

상실과 슬픔
그리고 애도

상실과 슬픔
그리고 애도

: 노년기의 키워드, '상실'

어떻게 보면 우리의 삶은 매일이 변화의 연속이라고 할 수 있고, 그러다보니 긍정적인 변화일지라도 변화 속에는 항상 '상실'이 있게 마련이다. 예를 들어 우리가 대학에 입학한다는 것은 기쁨이기도 하지만, 매일 만나던 고등학교 친구들과 이별을 해야 한다. 결혼도 기쁜 일이지만 본가와의 이별이 뒤따른다.

심리학에서는 상실을 '무엇인가와 더 이상 관계가 지속되지 않는 것'으로 정의하는데, 『상실과 슬픔의 치유』라는 책에서 H. 앤더슨과 K. 미첼은 상실의 종류를 6가지로 소개하고 있다.

첫 번째는 '물질적인 상실'이다. 이것은 말 그대로 물질이나 소유의 줄어듦과 더불어 오랜 시간 동안 손때가 묻어서 커다란 애착을 가지고 있는 소중한 물건이나 친숙한 환경을 잃어버리는 것을 말한다. 특별히 물건이 소중한 이유는 그 물건이 나의 일부가 된 것처럼 느껴지기 때문이다.

두 번째는 '관계의 상실'이다. 물론 삶 자체가 만남과 헤어짐의 연속이긴 하지만, 죽음이나 이혼, 실연, 이사, 이직, 은퇴와 같은 사건들로 인해 우리는 관계의 상실을 경험한다. 사람은 태어나면서부터 죽을 때까지 관계 속에서 물질과 사랑을 나누고 고통과 기쁨, 그리고 생각을 나누며 살기 때문에, 관계의 상실은 삶의 한 부분이 떨어져나가는 것과 같은 아픔을 가져온다. 그리고 그중에서 죽음으로 인한 상실은 가장 고통스럽고 슬프다고 할 수 있다.

세 번째는 '내적·심리적 상실'이다. 이것은 자신의 중요한 정서적 이미지나 가능성을 잃는 경험을 말한다. 이를테면 미래의 특별한 계획이나 오랫동안 품어왔던 비전을 포기하는 경험을 말한다.

네 번째는 '기능적 상실'이다. 노화나 사고 혹은 질병에 의해 몸의 근육이나 신경계의 어떤 기능을 잃어버려서 더 이상 존재하지 않거나 사용할 수 없는 경우를 말한다.

다섯 번째는 '역할의 상실'이다. 어떤 특정한 사회적 역할을 상실하거나 한 개인이 속한 사회망 안에서 자신에게 익숙한 지위를 잃어버리는 경험을 말한다.

여섯 번째는 '체제의 상실'이다. 공동체에서 중요한 인물이 떠나면 그것이 바로 구성원으로서나 전체로서의 체제를 상실하는 것이다.

이것들을 노년기와 연관 지어 설명하면 다음과 같다. 우선 노년기에는 '물질적 상실'이 크다. 퇴직이나 사업장으로부터 물러나 일을 그만두기 때문에 수입에 타격을 입는다. 거기다가 자녀들을 교육하고,

취업 준비시키고, 결혼시키다 보면 경제적으로도 어려움을 겪지 않을 수 없다. 그러다 보니 퇴직 후 사업을 시작했다가 망하기도 하고 혹은 노후대비책으로 부동산에 투자했다가 손해를 보는 경우도 있다. 더욱이 노화나 각종 질병에 들어가는 약값이나 병원비의 액수도 점점 늘어난다.

뿐만 아니라 배우자의 죽음으로 살림을 정리하고 자녀들 집이나 요양원으로 들어가기라도 하면 애착을 갖고 있는 소중한 물건들이나 내가 살던 친숙한 환경을 떠나야 하는 물질의 상실이 따른다.

'관계의 상실'도 노년기에는 더욱 두드러진다. 나이 들수록 이별이나 사별로 인한 관계의 상실이 늘어나는데, 배우자뿐만 아니라 친구들과의 사별도 늘어난다. 더욱이 거동이 불편해지다 보니 멀리 떨어져 사는 친구들이나 친지들과 만날 수 없기 때문에 오는 관계의 상실도 있다. 요즘은 황혼 이혼이 늘어나는 추세라 이혼으로 인한 관계의 상실도 노년기의 상실에서 뺄 수 없는 부분이 되었다.

'내적·심리적 상실' 또한 노년기에 나타날 수밖에 없다. 다시 말해 사람은 누구나 마음속에 간절히 원하는 자신만의 꿈이 있다. 하지만 노년기가 되면 꿈을 이루기에는 모든 면에서 너무 늦었다는 자신의 '한계'를 인식하게 되면서 우울감에 빠지기도 한다. 그래서 어떤 사람은 자녀나 손자들에게 자신이 이루지 못한 꿈을 이루도록 독려하거나 강요하기도 한다. 물론 내적·심리적 상실을 경험한 모든 사람이 다 그렇지는 않다. 꿈을 이루지는 못했지만 나름 열심히 살았고 그런대로 괜찮은 삶이었노라고 자신이 살아온 삶에 나름의 의미를 부여하면서 자신을 위로하는 사람들도 있다.

'기능적 상실'은 겉으로 드러나기 때문에 다른 사람들도 쉽게 알 수 있다. 예컨대 노년기가 되면 소화기능이 떨어져서 많이 먹지를 못한다. 치아가 약해져서 딱딱한 종류의 음식을 전혀 먹을 수 없는 경우도 있다. 근육의 양도 감소하고 근육들이 약해지다 보니 균형감각도 떨어진다. 허리나 다리가 아파서 오래 서있지 못하고 걷는 속도가 느려지다 보니 횡단보도를 건너는 도중에 파란불이 빨간불로 바뀌어버리기도 한다.

뿐만 아니라 오감의 기능도 떨어져서 돋보기가 없으면 잘 볼 수 없고 소리도 잘 들리지 않는다. 그러다 보니 지하철 안에서 전화를 받을 때도 본의 아니게 큰 소리로 말하게 되고, 주위에 있는 사람들의 눈살을 찌푸리게 만들기도 한다. 맛을 느끼는 감각인 미각의 기능도 떨어져서 단 것과 짠 것의 구분이 잘 안 되고 간도 점점 짜진다. 이렇게 맛을 제대로 느낄 수가 없기 때문에 노년기에는 먹는 즐거움이 현저하게 줄어든다.

촉각도 무디어진다. 쥐는 힘이 약해지기도 하지만 손의 감각이 사라지면서 물건을 쥐고 있다가도 금세 떨어뜨린다. 날씨나 온도변화에도 둔감해진다. 이를테면 추운데도 춥지 않다고 느껴지고 반대로 더운데도 덥지 않다고 느끼기도 한다. 그래서 4~6도의 온도차가 나지 않으면 온도변화를 잘 알아채지 못한다. 이 말은 뜨거운 찜질을 할 때 잘못하면 화상을 입을 수도 있다는 뜻이다.

후각도 둔감해진다. 그러다보니 자신의 입에서 나는 냄새를 알아차리지 못해서 주변 사람들에게 불쾌감을 주는 일이 종종 발생한다. 또 후각이 둔감해지는 것은 화재의 원인이 되기도 하는데, 예컨대 가스 불에 올려놓은 찌개냄비가 타고 있어도 냄새를 잘 맡지 못해서 화재로 이어지기도 한다.

노년기에는 '역할의 상실'도 눈에 확 띈다. 남성들의 경우 은퇴로 인해 자신의 존재이유와도 같았던 직장에서의 지위와 역할을 잃어버리게 된다. 여성들의 경우 양육의 부담에서 벗어나면서 좋기도 하지만 '엄마'로서의 역할이 끝난 것 같아 허전함을 느끼기도 한다.

더불어 동문회를 비롯해 일로 맺어진 각종 모임에서 맡았던 직책들도 내려놓아야 한다. 나이가 더 들면 집안에서 뭔가 음식을 하려고 하거나 설거지를 하는 것조차 자녀들이 말리는 경우가 많은데, 그럴 때 자녀들은 배려의 차원에서 그렇게 했을지언정 본인은 왠지 쓸모없는 사람이 된 기분이다.

'체제의 상실'도 노년기에 두드러진다. 인간은 공동체 속에서 서로 상호작용하며 각자 맡은 역할을 해나간다. 이때, 자녀들이 독립이나 결혼을 하게 되면 부부만 남거나 한부모만 남는 경우도 많다. 노년기에 이처럼 1인 가족으로 살게 되면 경제적으로는 여유가 있을 수 있으나, 관계 안에서 느낄 수 있는 친밀감을 누리기는 쉽지 않다. 대신 혼자 있으면 텔레비전을 배우자와 친구로 삼아 종일 끼고 살게 되는데, 그렇다고 해서 텔레비전이 관계 속에서 누릴 수 있는 친밀감을 대신해줄 수는 없다.

이들 6가지 상실의 경험들이 다 슬픔을 안겨주지만, 이들 중에서 가장 고통스럽고 힘든 것은 누구도 비껴갈 수 없는 죽음으로 인한 '관계의 상실'이라 할 수 있다. 관계의 상실로 인한 슬픔의 감정은 시간의 흐름과 함께 없어지는 것이 아니다. 시간이 지날수록 오히려 슬픔의 강도가 더 커지기도 한다. 그래서 우리에게는 슬픔을 표현해내는 애도과정이 필요하다.

마음공부를 위한 셀프깨달음,
나에게 묻고 답해보기

질문 본문에 나온 6가지 상실(물질적인 상실, 관계의 상실,
내적·심리적 상실, 기능적 상실, 역할의 상실, 체제의 상실)
중에서 현재의 나를 힘들게 하는 것은 무엇인가?
그리고 그 이유도 생각해보자.

: 상실로 인해 생기는 감정, 슬픔

'슬픔'이라 하면 누군가의 '죽음'을 떠올리는 경우가 많은데, 사실 슬픔의 감정을 불러일으키는 경험은 다양하며 우리는 생각보다 훨씬 자주 슬픔을 경험한다. 예컨대 이사를 가게 되어 슬픈 경우도 있고 키우던 강아지가 죽어서 너무 슬프다는 사람도 있다. 혹은 주식에 투자했다가 큰 손실이 일어나 생긴 슬픔도 있고 딸이 시집을 가게 되어 슬퍼하는 이도 있다.

더욱이 사람마다 슬픔을 겪는 모습(강도)이 다른데, 우리는 사건이 발생하면 처음에는 큰 충격에 휩싸이다가 점차로 슬픔의 강도가 엷어질 것이라 생각하지만 꼭 그런 것만도 아니다.

예를 들어 가까운 사람이 이 세상을 떠나는 관계의 상실을 경험했지만, 상실 전과 비교해 감정의 변화가 그렇게 크지 않은 모습을 보이기도 한다. 혹은 슬픔이 지연되는 경우도 있는데, 감정의 변화가 거의 없다가 몇 년 혹은 몇십 년이 지난 후에 갑작스럽게 슬픔이 밀려오는 것이다. 또는 평생 상실의 슬픔 속에서 사는 사람들이 있는데, 이를 '만성적 슬픔'이라고 한다. 한편 이 모습들과는 정반대로 상실의 경험 후에 더 행복함을 느낀다고 보고 하는 사람들도 있다.

어르신들을 상담하다 보면 남편이 세상을 떠난 후 자식들이 "엄마, 아버지가 돌아가셨는데 엄마는 너무 행복해보여. 남들이 뭐라고 하겠어. 표정관리 좀 하세요."라고 농담 반 진담 반으로 이야기하는 모습을 목격한다. 이때 자신을 너무 힘들게 한 남편이 죽고 나니 좋은 것을 어떻게 하느냐며 뜻밖의 속내를 표현하시는 분들이 있다. 또 '남편이 어느 때 보고 싶고 생각나느냐?'는 질문에 너무 마음고생을 많이 시켰던 남편이라 전혀 보고 싶지 않고, 생각도 나지 않는다고 답하기도 한다.

슬픔의 감정에는 꼭 같은 슬픔만 있는 것은 아니다. 예컨대 A라는 사람, B라는 사람, 그리고 C라는 사람의 어머니가 돌아가셨다고 치자. 세 사람이 다 슬픔의 감정을 느끼지만 내용에 있어서는 서로 다를 수 있다.

다시 말해 A라는 사람은 어머니가 그리워서 슬플 수 있지만 B라는 사람은 어머니로 인해 가슴에 맺힌 것을 어머니가 살아계실 때 함께 풀어내지 못해서 슬플 수 있다. 또 C라는 사람은 슬픔을 가만히 들여다보면 어머니가 그립다기보다 어머니에 대한 죄책감이 슬픔의 원인인 경우도 있다.

이처럼 우리는 총체적으로 슬픔이라 부르지만 그 안에는 멍함, 공허함, 외로움, 두려움과 불안, 죄책감과 수치심, 분노, 절망 등의 감정이 모두 들어있다고 할 수 있다. 즉 슬픔은 단순히 슬픈 하나의 감정이라기보다 다양한 감정의 복합체인 것이다.

그럼 지금부터 슬픔이라는 감정 덩어리 안에 어떤 요소들이 들어 있는지 살펴보려고 한다. 미첼은 『상실과 슬픔의 치유』라는 책에서 다음과 같은 것들이 슬픔을 구성하는 요소들이라고 말한다.

첫째, 무감각이라는 요소가 있다.

너무나 큰 충격을 받으면 우리 몸의 조직은 무감각 상태에 들어감으로써 스스로 충격으로부터 몸을 보호하게 된다. 그러다보니 현재를 있는 그대로 느끼지 못해서 상실이 일어났다는 것을 부정하게 된다. 이처럼 상실로 인한 충격이 크면 클수록 시공간의 개념도 없어지고 정신이 나간 사람처럼 보인다.

이런 상태는 상실 중에서도 관계의 상실 그러니까 배우자나 부모,

자녀 등 가까운 사람의 죽음소식을 접할 때와 밀접한 관련이 있으며, 무감각 상태는 수 분에서 수 시간 혹은 여러 날 계속 되기도 한다.

둘째, 공허감이라는 요소이다.

애도 기간 중에 있는 사람들로부터 우리는 "내 한쪽 팔이 잘린 것처럼 느껴진다."와 비슷한 표현들을 자주 듣는데, 이는 자신의 존재감이 줄어들었다는 공허감을 말하는 것이다. 친숙한 물건이 없어지거나, 가족 중의 한 사람이 함께 살던 집을 떠나도 이런 공허감이 느껴질 수 있다.

더욱이 자신의 정체감이, 이를테면 '나는 ㅇㅇ의 엄마', '나는 당신의 반쪽'이라는 식으로 상실한 사람과의 관계 속에서 정의되었다면 그 개인의 정체감은 상실로 인해 위기를 맞게 되고 그 결과 공허감의 정도는 더 커진다고 할 수 있다.

셋째, 외로움이라는 요소가 있다.

특별히 평생을 함께한 가족을 떠나보냈을 때 생기는 외로움은 남은 사람을 몹시 힘들게 하는데, 우리는 배우자를 잃고 매일 아침 잠에서 깨었을 때 느껴지는 외로움이나 혼자서 식사할 때의 허전함에 대해 종종 듣곤 한다.

어느 어르신은 배우자와의 사별 후 집에서 외출할 때 꼭 불을 켜고 나오는데, 집에 돌아와 현관문을 여는 순간 어둠이 말해주는 혼자라는 외로움을 견딜 수 없기 때문이라고 한다. 또한 자신이 원해서 한 이혼일지라도 이혼 후 외로움을 몹시 느끼게 된다고들 하는데, 이는 같은 집에서 서로 말도 하지 않고 각방을 쓸 때조차 느낄 수 없었던 외로움이라고 한다.

넷째, 두려움과 불안의 요소가 있다.

예컨대 부모님은 어릴 때 모두 돌아가셨고 그동안 할머니의 사랑을 받으며 살았는데, 나를 돌봐주셨던 할머니까지 돌아가셨을 때 버림받음에 대한 두려움과 불안으로 슬픔을 주체할 수 없었노라 고백하는 사람도 있다.

부모가 이혼을 했을 경우에도 그 자녀들이 느끼는 슬픔은 사실 버림받음에 대한 두려움이라 할 수 있다. 또 미래에 대한 두려움과 불안도 있다. 예컨대 어린 자녀들을 여러 명 남겨두고 남편이 먼저 죽었을 경우 미망인이 된 아내는 슬픈데, 그 슬픔의 원인을 살펴보면 남편에 대한 그리움도 있지만, 자신과 자식들의 미래에 대한 두려움과 불안 때문일 수 있다.

다섯째, 죄책감과 수치심의 요소가 있다.

슬픔을 구성하는 것 중 가장 많은 부분을 차지하는 요소가 바로 죄책감일 것이다. 우리는 가족 중에 누군가가 죽었을 때 "만일 내가 ○○했더라면 혹은 ○○하지 않았더라면 그가 죽지 않았을 텐데.", 이를테면 "내가 아침에 남편에게 바가지를 긁지 않았더라면 교통사고는 나지 않았을 텐데. 나 때문에 남편이 운전을 제대로 못한 거야." 혹은 "지난 달 어머니를 요양원에 가시게 하지 말고 우리 집에 모셔왔었더라면 그런 낙상사고를 면할 수 있었을 텐데."라는 식의 말들을 많이 한다. 이런 것들은 바로 죄책감이 슬픔의 주요소가 될 수 있다는 것을 말해주는데, 이런 식의 죄책감은 대개 여기서 끝나지 않고 부끄러움을 느끼는 마음인 수치심으로 이어진다.

여섯째, 분노의 요소가 있다.

'슬픔과 분노'는 왠지 어울리지 않는 것 같지만 분노도 상실에 뒤따를 수밖에 없는 반응이다. 특별히 죽음으로 인한 관계의 상실에서 분노는 죽은 자를 향해 일어나는 경우보다 가족이나 의료진 혹은 '신'

을 향해 쏟아질 때가 더 많다.

이런 분노가 혹 객관적인 것이 아니고 누가 봐도 실체가 없는 주관적인 것이라 할지라도 충분히 표현되어야 하는데, 그렇지 않으면 분노를 삭이는 데 모든 에너지를 써서 몸과 마음이 지쳐버릴 뿐만 아니라 반대로 자신이 분노에 지배당할 수 있기 때문이다.

마지막으로 절망이라는 요소가 있다.

절망감은 모든 희망이 사라져버린 느낌을 말하는데, 일반적으로 어떤 사람의 죽음으로 인해 이제 함께할 사람이 아무도 없고 또 가진 것도 없다고 생각하는 사람들에게서 나오는 감정이다.

지금까지 살펴본 것처럼, 슬픔은 상실에 대한 반응으로 생기는 감정이며 여기에는 여러 요소들이 복합적으로 들어있다. 그리고 이 슬픔의 감정은 극복해야 할 것이 아니라 표현하고 위로받는 식으로 풀어내야 한다. 왜냐하면 감정은 에너지로서 시간이 지난다고 없어지는 것이 아니라 표현이나 표출을 통해 밖으로 끄집어낼 때 비로소 작아지거나 사라지기 때문이다. 그래서 우리에게는 슬픔을 풀어내는 애도 과정이 필요하다.

마음공부를 위한 셀프깨달음,
나에게 묻고 답해보기

질문 상실로 인해 슬픔을 느꼈던 경험을 떠올려 보자.
그때 느꼈던 슬픔의 내용은 어떤 것인가?
그리고 그런 감정을 느낀 이유는 무엇인가?

① 무감각

② 공허감

③ 외로움

④ 두려움과 불안

⑤ 죄책감과 수치심

⑥ 분노

⑦ 절망

⫶ 건강한 애도과정

애도과정이란 상실로 인해 갖게 된 나만의 주관적 슬픔의 감정을 표현하고 또 표출해서 풀어내는 것이라 할 수 있다. 이렇게 충분히 슬퍼하고 슬픔을 표현해내야 새로운 상황, 곧 더 이상 그 사람이 생존하지 않는 상황에 잘 적응해 갈 수 있다.

존 볼비(John Bowlby)는 애도과정을 4단계로 나누어 설명한다.

첫 번째는 충격과 무감각의 시기로, 망연자실한 상태가 수일에서 수주 동안 계속된다. 사랑하는 사람이 떠났을 때는 이를 부정하고 또 회피하고 싶어진다. 어떤 사람은 모든 감각이 무디어지고 정신은 멍한 상태로 지내기도 하는데, 헤어짐을 전혀 예측하지 못했을 경우 충격과 무감각의 시기는 더 오래간다.

두 번째는 고인에 대한 강한 그리움을 나타내는 시기로, 이 시기도 수주에서 수개월 계속 된다. 이때는 특별히 고인에 대한 그리움으로 사진을 들여다보거나 유품들을 뒤적이며 하루를 보내기도 하고, 누군가에게 고인에 대한 이야기를 하거나 반대로 듣고 싶어 한다.

세 번째는 와해와 절망의 시기이다. 이 시기 역시 수주에서 수개월 계속되며 사랑하는 사람이 이 세상을 떠났다는 사실을 현실로 받아들이는 단계이다. 아무리 불러도 소용없고 죽은 사람은 다시 돌아오지 않는다는 사실을 깨닫고 우울과 절망감에 빠지기 때문에 식욕이 저하되기도 하고 수면장애가 나타나기도 한다.

네 번째는 재조직과 회복의 시기로, 수개월에서 수년 동안 계속된다. 이 시기에는 강렬했던 슬픔의 감정이 조금씩 엷어지는데, 슬픔의 감정과 함께 고인에 대한 긍정적 추억들을 떠올리며 마음이 가벼워지는 시기이다. 이런 감정의 반복으로 마음의 안정을 얻고 다시 일상으로 돌아갈 수 있게 된다.

이렇듯 애도과정이 잘 이루어지기 위해서는 무엇보다 충분히 슬픔을 다 표현해내야 하며, 이로써 다시 일상으로 돌아올 수 있다. 바로 이런 이유 때문에 장례식도 치르는 것이다. 장례식은 유가족이 고인에 대한 슬픔을 표현할 수 있도록 만들어진 것인데, 고인과 관계를 맺었던 사람들이 장례식장에 모여 그에 대한 다양한 감정들을 풀어내고 마침내 그를 떠나보내게 된다.

만약 슬픔을 풀어내지 못하면 어떤 일이 생길까? 이런 사례가 있다. 어떤 분이 시어머니를 너무 미워했는데, 어느 날 그 시어머니가 돌아가셔서 슬퍼했다. 그 슬픔에는 시어머니가 그리운 연유도 있겠지만, 시집살이를 당해서 미운 마음도 당연히 있을 것이다. 애도과정에는 시어머니에 대한 그리움이나 죄책감뿐만 아니라 이런 미운 마음을 표출하는 과정까지 포함되어야 한다. 만약 풀어내지 않으면 살아가면서 시어머니와 비슷한 사람을 무조건 싫어할 수 있다. 사실 그 사람은 외모만 닮았을 뿐임에도 그럴 수 있다는 말이다.

결국 좀 더 넓은 의미로 애도 과정을 정의하자면 고인과의 관계 속에서 생긴 묵은 감정들을 다 풀어가는 과정이라고도 할 수 있다. 물론 애도과정이 아니더라도 관계 속에서 생기고 쌓인 감정들을 풀어가는 것은 꼭 필요하다.

그렇다면 구체적으로 어떻게 슬픔의 감정을 잘 표현하고 표출할 수 있을까? 다시 말해, 어떻게 하면 건강한 애도과정을 가질 수 있을까?

첫 번째는 편안하고 믿을만한 누군가에게 자신의 슬픈 마음을 나누는 것이다. 앞서 언급했던 것처럼 대상 상실이라는 경험 후 가장 필요한 과정은 상실로 인한 슬픔의 감정들을 충분히 털어내는 것이기 때문이다. 누군가에게 이야기할 때 얻어지는 또 다른 효과는 내 마음 안에 있는 감정들이 더 분명해짐으로써 정리가 된다는 사실이다.

이때 들어주는 사람은 위로의 말을 전하거나 해결책을 제시해줘야 하는 것처럼 느낄 수 있는데, 슬픔을 표현하는 사람은 해답을 원하는 것이 아니기 때문에 그저 최선을 다해 진심으로 들어주는 것만으로도 도움이 된다.

가까운 누군가가 죽었다는 것은 내 삶의 이야기에서 중요한 인물이 없어져 버렸다는 것이다. 따라서 이야기의 내용을 다시 수정해야 하는데, 그 작업이 바로 누군가에게 자신의 현 상황에서 느껴지는 감정들을 반복해서 말로 풀어내는 것이다. 이 과정에서 내 삶의 이야기 속 중요한 인물이 빠졌지만, 나름대로 내 이야기를 다시 이어나갈 수 있게 된다. 이때 들으면서 손을 한 번씩 잡아주거나 안아주는 것도 때로는 말보다 더 큰 위로와 공감의 표현이 될 수 있다.

두 번째는 고인과 함께했던 아름다운 추억을 떠올리는 것이다. 고인이 좋아했던 노래나 물건 혹은 액세서리 같은 것을 떠올리며 고인을 추억하는 방법도 좋다. 물론 이때 슬픔이 북받쳐 눈물이 날 수도 있는데, 그럴 때는 실컷 우는 것이 좋다. 마음껏 울고 나면 감정이 정화되어 마음이 편안해지기 때문이다. 더욱이 눈물을 통해 스트레스를 유발하는 물질이 배출된다고 하니까 눈물은 우리의 몸과 마음을 안정시키는 좋은 치유책이라고 할 수 있다.

앞에서 슬픔의 감정에는 그리움뿐만 아니라 죄책감, 불안, 절망, 공허감 등 다양한 내용들이 있다고 했는데, 특별히 여러 가지 갈등으로 고인과의 관계가 좋지 않았거나 끝내 오해를 풀지 못하고 세상을 떠난 경우에는 감정을 풀어내기 위해 편지형식으로 글을 써보는 것도 도움이 될 것이다.

마지막으로 고인과의 추억들을 마음속에 담아 좀 더 소중하게 간직하는 것이다. 사실 과거에는 고인의 존재를 빨리 잊어버려야 한다고 믿었었는데, 요즘은 반대로 고인과의 친밀한 유대감을 마음속에 새롭게 다지는 것이 더 효과적이라고 말한다.

예컨대 앨범을 보며 "아, 이것은 엄마랑 나랑 단둘이 제주도 여행에서 찍은 사진이지." 하면서 그때의 추억과 함께 고인의 따뜻함을 마음에 새롭게 새기는 것이다. 이렇듯 고인이 이 땅에 더 이상 계시지는 않지만, 지금도 내 마음 안에서 내가 잘되기를 응원한다고 생각하는 것이다.

지금까지 슬픔의 감정을 풀어내는 건강한 애도과정에 대해 살펴보았다. 이제 반대로 애도과정에 있는 사람들이 일상으로 잘 돌아올 수 있도록 우리가 그들을 어떻게 도울 수 있을지 몇 가지 경우의 예를 들어보려고 한다.

어느 때는 애도과정 중에 있는 사람들에게 위로하려고 한 말들이 오히려 상처가 되기도 한다.

예시로 "친구야, 너희 어머님은 90이 넘어 돌아가셨으니 그래도 호상이지.", "너무 슬퍼하지 마. 너희 아들은 이 끔찍한 세상과는 비교도 안 되는 천국에 갔잖아."라는 말들이 그런 경우다.

이런 말들은 되도록 피하는 것이 좋은데, 군이 이유를 들면 어머니가 아무리 90이 넘어 돌아가셨어도 당사자들에게는 큰 슬픔이고 또 아쉬움이 남기 때문이다. 또 아들이 아무리 좋은 곳에 갔다고 해도 자식이 부모보다 먼저 가기를 원하는 부모는 아마 없을 것이다. 혹은

"살아있을 때 좀 더 잘해줄 것을…. 하는 마음이 들지."라는 식의 말도 조심해야 하는데, 왜냐하면 이런 말은 죄책감을 불러일으킬 수 있기 때문이다.

그럼 어떤 말들을 해야 할까? 물론 쉽지 않다. 하지만 앞에서 예로 든 말들보다는 차라리 "무슨 말로 위로를 드려야 할지 모르겠네요.", "얼마나 애통하십니까?", "많이 힘들지."라고 하면 어떨까? 때로는 말보다 한 번 안아주거나 그저 옆에 있어주는 것만으로도 위로가 된다.

이렇게 애도과정을 통해 충분히 슬픔의 감정을 표현하고 또 주변 사람들로부터 위로와 격려를 받다 보면, 남은 자들은 고인의 죽음에 대해 새롭게 의미부여를 하며 다시 삶을 살아갈 여유가 생기게 될 것이다.

예를 들면 치매로 돌아가신 엄마를 보고 딸은 치매환자를 돕는 일을 하고 싶다는 마음이 들 수도 있을 것이다. 혹은 "그래, 우리 엄마가 이토록 남에게 베풀며 성실히 살아온 줄 몰랐어. 나도 엄마처럼 베풀며 살아야지."라는 마음의 결심을 할 수도 있을 것이다. 이렇게 죽음을 통해 고인이 남겨준 새로운 삶의 의미를 깨닫고 이것을 나의 생활에 적용해나갈 때 남은 자들의 슬픔은 조금씩 치유되어 간다고 볼 수 있다.

마음공부를 위한 셀프깨달음,
나에게 묻고 답해보기

질문 '가까운 누군가가 죽었다는 것은 내 삶의 이야기에서
중요한 인물이 없어져 버렸다는 것이다.
따라서 이야기의 내용을 다시 수정해야 하는데,
이는 누군가에게 자신의 현 상황에서 느껴지는
감정들을 말로 반복해 풀어내는 과정을 통해 수행된다.
이 과정에서 내 삶의 이야기 속 중요한 인물이 빠졌지만,
나름대로 내 이야기를 다시 이어갈 수 있게 된다.'
그래서 애도과정이 필요하다.
그렇다면 나는 건강한 애도과정을 경험했는가?

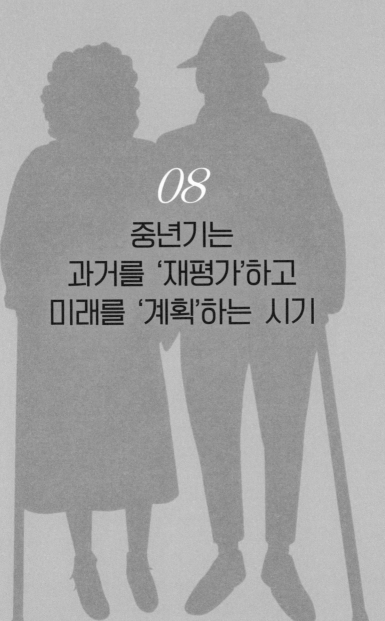

08
중년기는
과거를 '재평가'하고
미래를 '계획'하는 시기

중년기는 과거를 '재평가'하고 미래를 '계획'하는 시기

: 가정에서의 소통

고령사회를 맞이해 노년기의 전 단계인 중년기에 대한 관심이 늘고 있다. '어떤 사람의 과거와 현재를 보면 그 사람의 미래 모습을 알수 있다'라는 말이 있는 것처럼, 중년기의 삶은 노년기의 건강과 삶의 질에 큰 영향을 미치기 마련이다. 따라서 노년기를 잘 보내기 위해서는 노년기의 전 단계에 해당하는 중년기 특성들에 대해 이해할 필요가 있다.

먼저 중년기가 몇 세부터 시작해서 몇 세까지인지에 대해서는 연구자마다 조금씩 다른 견해들을 제시한다. 요즘은 과거와 달리 자녀의 취업과 결혼이 늦어지는 추세이기 때문에 중년기가 점점 길어지고 있다. 일반적으로 가족주기를 기준으로, 막내자녀가 독립을 하는 시기로부터 직업생활에서 은퇴하는 시기까지를 중년기라 칭한다. 따라서 50~60대 후반까지를 중년기라 생각해도 무방하다.

중년기는 생각보다 내적·외적으로 변화가 큰 시기라 할 수 있다. 피부에 탄력성이 떨어져 주름이 생기고 머리카락이 빠지며 흰머리가 나오기 때문에 노화의 표징이 조금씩 밖으로 드러난다. 체내의 신진대사도 활발히 이루어지지 못해 체중이 늘고 배가 나온다. 더불어 신체기능이 떨어져 고혈압, 관절염, 고지혈증, 당뇨병 약을 먹기 시작한다. 또한 여성들의 경우 폐경으로 인한 갱년기를 경험하게 되는데, 그중 어떤 여성들은 월경이 없어 자유로워졌다고 폐경을 긍정적으로 받아들이는 반면, 또 다른 여성들은 폐경을 여성으로서의 매력을 상실하는 것으로 받아들여 우울을 경험하기도 한다.

중년기는 가족관계에 있어서도 변화가 크다. 길어진 수명으로 인해 부모는 부모대로 앞으로 어떻게 살아가야 할지에 대해 고민하고, 자녀들은 자녀들대로 앞으로 어떤 일을 하며 어떻게 살아가야 할지 고민한다. 따라서 서로가 심리적으로 안정적이지 못한 시기라 할 수 있겠다.

게다가 부모는 살아오면서 무수한 경험으로 인해 생긴 지혜와 노하우를 자녀들에게 전해주고 싶고, 또 부모보다 좀 더 나은 삶을 살기 원하는 마음으로 자녀들의 말에 귀 기울이기보다는 성급한 조언이나 충고를 하게 된다. 하지만 자녀는 자녀들대로 그런 조언이나 충고를 자신들을 위한 것으로 여기기보다는 잔소리 내지 간섭으로 생각하는 경향이 크다.

이렇듯 부모세대인 50~60대와 자녀세대인 20~30대가 각자 가치관이나 삶에서 추구하는 것들이 너무 다르다보니, 그것들을 서로 수용하지 못해서 생기는 갈등이 끊이지를 않는다.

부부관계도 마찬가지다. 불과 수십 년 전만 하더라도 남자는 밖에서 일을 해야 식구들을 부양할 수 있었고 그런 연유로 남자다운 남성성을 유지해야 했다. 반면, 여자는 집에서 아이들을 돌보아야 했기 때문에 여성성을 유지해야 했다. 하지만 직장에서 은퇴하는 시점이 되면 집안에서 굳이 남성성과 여성성을 구분지어 유지해야 할 이유들이 사라지게 된다.

그러다보니 남편과 아내의 남성성과 여성성 중, 서로가 그동안 억눌렀던 반대의 부분이 되살아난다. 이를테면 여자들은 대범해지고 가족 내에서도 자신의 목소리를 내기 시작한다. 반대로 남자들은 감성적이 될 뿐만 아니라 의존적 성향도 두드러진다. 그래서 어떤 남편들은 아내가 '무서워졌다'는 표현을 쓰기도 하고, '삼식이 시리즈'에 나오는 '셀프 삼식이'가 된 남편들도 있다.

이것만이 아니다. 아내들은 미디어를 통해 접하는 변화들(특별히 성역할)에 쉽게 적응하는데 남편들은 그렇지 못하다. 그러니까 젊은 아들이 아버지 앞에서 집안일을 하는 것을 보면 며느리가 지금 어떤 상황인지 살펴보기에 앞서 마음이 불편하다. 이런 가부장적 태도는 부부관계에서도 그대로 드러나는데, 예를 들어 집안일이 힘들다는 아내에게 "우리 엄마는 새벽 2시면 일어나서 보리쌀 찧어서 밥했어. 밥은 전기밥솥이 하고 빨래는 세탁기가 하고 당신이 하는 일이 뭐가 있다고 그렇게 엄살이야."라는 식으로 대한다면 부부는 매사에 갈등을 겪을 수밖에 없을 것이다.

따라서 부부는 그동안 자신들이 살아온 성역할 고정관념에서 벗어나야 할 뿐만 아니라 인간은 원래 양성성을 가지고 태어났기 때문에 중년기 이후 남자들에게서는 여성성이, 여자들에게서는 남성성이 자연스럽게 드러난다는 것을 명심해야 한다.

덧붙여 중년기는 부모에 대한 의무감과 자식에 대한 책임감이라는 이중적 부양 부담을 안고 있는 시기이다. 이런 연유로 형제간에 부모님을 모시는 문제로 다툼이 자주 발생한다. 특히 부모님을 요양원에 모시게 되는 경우, 경제적으로 버거워 계속 일을 해야 하는 처지에 놓이게 되고, 여전히 일을 하고는 있지만 자신들의 노년기를 대비하지는 못하는 경우가 많다.

이렇게 자식들은 나이 드신 부모님을 생각하며, 또 주변 지인들의 부모님이 한분 두분 돌아가시는 것을 보면서 이따금씩 죽음을 인식하지 않을 수 없다. 즉 지나온 시간보다 앞으로 남은 시간이 상대적으로 짧게 느껴지면서 마음이 급해진다.

'오십이 지천명'이라는 말처럼 중년기가 되면 하늘의 뜻을 헤아릴 정도로 성숙할 것이라 생각하기 쉽다. 하지만 실제로 중년의 삶을 들여다보면 앞서 언급된 중년기의 모습들처럼 마음은 번잡하고 고민이 많을 수밖에 없다. 그래서 '중년기 위기'라는 말을 쓰기도 하고 때로는 각종 증상들이 나타나기도 한다. 이를테면 알 수 없는 불안감, 뚜렷한 이유 없이 솟아나는 분노와 서러움, 그동안 열심히 살아왔음에도 불구하고 어느 날 갑자기 밀려오는 공허감으로 몸과 마음이 힘들어진다.

어쩌면 중년기는 산의 정상에 도달한 시기라 볼 수 있겠다. 즉 사회적으로나 경제적으로 절정에 이른 시기이기 때문에 이들에게 더 이상 올라갈 곳은 없다. 하지만 정상에서의 성취감은 잠시뿐, 정상에 도달한 이들에게 남은 일은 내려가는 것뿐이며, 그 속에서 느껴지는 실존적 공허감은 피할 수 없다.

하지만 '중년기 위기'에서 '危機(위기)'라는 한자어를 풀어보면 '위기는 기회가 될 수 있다'는 의미인 것처럼, 중년기에 해당할지라도 우리는 얼마든지 희망을 가질 수 있다. 중년기는 인생의 전반에서 후반으로 넘어가는 전환점에 해당하기 때문이다. 자신이 지금까지 살아온 삶을 돌아보고 수정·보완해서 앞으로의 삶을 다시 계획한다면 인생 후반전에는 멋진 반전을 기대해도 될 것이다.

마음공부를 위한 셀프깨달음,
나에게 묻고 답해보기

질문 우리 가정은 소통이 잘 되고 있는가?
그렇지 않다면 그 이유는 무엇인가?

① 배우자와의 관계에서

_____

_____

② 자녀들과의 관계에서

_____

_____

③ 부모님과의 관계에서

_____

_____

: '비교' 그리고 '평가'

일반적으로 성인기에 접어들어 취업하고 결혼한 다음에는 정한 목표를 향해, 그리고 자식들을 키우며 열심히 살아간다. 그러던 어느 날 훌쩍 지나간 세월 앞에서 문득 '지금까지 나는 무엇을 위해 이렇게 열심히 달려왔나?' 자신을 돌아보게 된다. 이때 지금까지 일궈온 결과물들이 만족스럽지 못하지만, 그렇다고 해서 새로운 시도를 하기에는 자신의 한계가 느껴진다. 자신감이나 용기는 더더욱 생기지 않는다. 게다가 부부나 부모·자녀관계 속에서도 내가 원하는 대로 되지 않는다는 것을 깨닫고 자신 안에서 여러 질문들이 한꺼번에 솟구친다.

'그렇다면 남편(아내)과 자식을 뺀 상태에서 나는 누구인가?', '그동안 나는 최선을 다했는가?', '어떤 인생이 잘 사는 삶인가?', '머지않아 내가 죽는다면 나는 무엇을 해야 하나?'와 같은 질문에 답을 해보면서, 자신이 그동안 중요하게 여겼던 것들의 우선순위가 바뀌고 혹은 새로운 목표가 생기기도 한다.

따라서 중년기를 한 마디로 말하면 과거에 자신이 한 선택들과 결과들을 점검해보고 평가한 후, 그것을 바탕으로 앞으로의 삶을 위해 뭔가를 새롭게 시도하는 시기라고 할 수 있다. 예컨대 지금까지 전업주부로만 살아온 경우 과거에 결혼을 선택함으로써 잃어버린 부분들을 생각하며 '일'에 대해 새롭게 생각해보기도 하고, 앞으로의 삶은 과거에 자신이 하고 싶었지만 하지 못했던 일을 하거나 잘하고 또 좋아하는 일에 투자해야겠다는 생각을 하는 사람도 있다. 아니면 자신이 지금까지 했던 일과 관련된 일을 통해, 혹은 소유하고 있는 자원들을 가지고 사회를 위해 봉사해야겠다는 생각과 결심을 하기도 한다.

이처럼 중년기의 키워드는 '평가'라고 할 수 있다. 그런데 과거 자신이 살아온 삶을 평가하면서 생기는 문제는 다른 사람들과 비교를 하게 된다는 것이다. 가령 자신이 직업이나 직장생활을 통해 성취한 바를 남과 비교할 때 '친구 A는 대기업 상무인데….', 'B는 사업을 해서 큰돈을 벌었다던데….'라고 생각하면서 마음이 위축되기 쉽다.

이런 분도 있다. 이분은 공기업의 부장으로 남들이 부러워할 만한 위치에 있다. 하지만 은퇴를 앞둔 이분은 우울하다. 왜? 그 놈의 비교 때문이다. 텔레비전 뉴스를 보다가 '저 장관이 나랑 대학 동기인데….', '저 국회의원이 나랑 고등학교 동창인데….' 하며 혼자 중얼거리다 보면 자신이 초라해 보여 마음이 편치 못하다.

또 다른 분은 공무원으로 은퇴를 했는데, 자신은 지방에서 공무원 생활을 시작했고 친구는 서울에서 공무원 생활을 시작했다고 한다. 그러다보니 본인은 지방에서 아파트를 장만했고 친구는 서울 한복판에 아파트를 장만했다. 그런데 어느 날 매스컴을 통해 서울 아파트 가격이 많이 올라, 친구가 살고 있는 아파트 가격이 자신의 아파트보다 거의 7~8억 비싸다는 것을 알게 되었고, 그 사실을 알게 된 이후로 우울함과 허무함이 동시에 밀려왔다고 한다.

자신의 직업이나 직장생활을 통해 이룬 것만 비교가 되는 것은 아니다. 자식도 비교의 대상이 되고 자신이 이룬 업적처럼 취급된다. 내 자녀가 건강하게, 그리고 인성 면에서도 반듯하게 잘 자랐다 할지라도 자녀의 대학이나 직장을 남의 자식들과 비교하면서 속상해한다.

현재의 50~60대 대부분은 공부하고 싶어도 경제적 어려움으로 마음껏 공부하지 못한 한이 내면에 있기 때문에 유독 자녀를 통해 자신의 한을 풀고 또 대리만족하려는 성향이 강하다. 그러다 보니 자녀를 볼 때도 '인간 ○○로 보는 것'이 아니라 '내 아들(딸) ○○'로 보면서 자신의 소유물인 양 마음대로 조정하려는 경향이 있는데, 이는 늘 자녀들과의 관계 속에서 마찰을 일으킨다.

배우자끼리도 서로 비교한다. "A네는 남편 직장이 좋아서, 혹은 남편 사업이 잘돼서 평생 노후걱정은 안 해도 된다더라", "B네는 맞벌이를 하니까 아내가 버는 것은 다 저축한다더라"는 식으로 비교하며 서로에게 상처를 준다. 비교는 여기에서 끝나지 않는다. 누구는 세 명의 자녀가 다 결혼했고 그것도 흡족한 배필들을 만났는데, 자신의 자녀들은 결혼은커녕 아직도 취업 준비 중인 것을 생각하면 가슴이 답답해지기도 한다.

이런 식으로 비교하며 이루어지는 평가의 끝은 무엇일까? 여성들의 경우 비로소 남편이나 자식들과 분리해 자신을 생각해보니 그동안 열심히 살아오긴 했는데, 나 자신만을 위해 한 일은 없었다는 사실을 발견하고 '그럼 난 뭔가?' 하는 생각이 들었다는 고백을 하기도 한다. 이처럼 나를 위한 삶이 없었다는 생각을 할 때 밀려오는 공허감은 대개 중년기에 자신의 삶을 되돌아보고 평가하는 과정에서 일어난다.

남성들도 마찬가지다. 그동안 인생의 목적을 사회생활에 두고 비가 오나 눈이 오나 직장에 열정을 쏟아 부었는데, 은퇴로 인해 인생의 목적과 역할이 모두 사라져버렸다고 생각하니 몹시 슬프고 또 허무함을 느끼지 않을 수 없다.

자신에 대한 평가와 더불어 자신의 '한계'가 느껴지기 때문에 점점 자신감이 없어질 뿐만 아니라 우울하고 초조해진다. 다시 말해 새롭게 어떤 것을 시작하기에는 자신의 육체적 건강이나 열정, 그리고 능력에 있어서의 한계를 인정할 수밖에 없는데 이 받아들임이 때론 무척 고통스럽다. 하지만 이런 재평가 과정은 어쩌면 한 번 사는 이 세상에서 '본래의 자기'로 살아가기 위해 꼭 필요한 것이라 할 수 있다.

이런 연유로 중년기에는 종교를 통해 흔들리고 혼란스러운 마음을 다잡아 심리적 안정을 누리고 살아갈 힘을 얻는 경우도 많다. 안정을 찾고 또 자신의 삶에 의미를 부여하며 삶을 긍정적으로 보게 된다.

재평가 과정이 힘들고 고통스러울 수밖에 없는 또 다른 이유는, 중년기는 불쑥 튀어나온 시기가 아니기 때문이다. 다시 말해 '영아기 －유아기－아동기－청소년기－성인기'의 여러 발달단계들을 거쳐 중년기에 이르렀는데, 자신을 평가하는 과정에서 과거로 거슬러 올라가다 보면 그동안 마음속에 억눌러둔 감정의 원인인 힘들었던 경험들과 맞닥뜨리지 않을 수 없기 때문이다.

예를 들어 과거 자신의 삶을 돌아보니 가정형편상 인문계 고등학교에 진학할 수 없었고 그 결과 그렇게 원했던 대학도 갈 수 없었던 경험과 마주해야 할 때가 있다. 결혼을 해서도 평생 친정어머니를 모시고 살아야 했기 때문에 그동안 자기 자신을 돌볼 여유가 전혀 없었다는 것도 알게 된다. 그러다 보면 어느새 후회와 원망의 마음이 밀려오고 그 힘든 마음을 피하기 위해 어떤 사람은 뭔가 건강하지 못한 일들에 몰두하면서 재평가 작업을 중단 내지 회피하게 된다.

하지만 다가올 노년기를 생각하면 이런 작업은 꼭 필요한데, 과거를 회상해보는 자체가 치유의 시작이기 때문이다. '아는 만큼 보인다.'라는 말처럼 내 몸에 대해 전혀 모르면서 운동하는 것보다 내 몸의 상태를 알고 하는 운동이 효과적인 것처럼, 고통스러울지라도 재평가 작업이 이루어진 후에 앞으로의 계획을 세운다면 다가올 노년기의 삶은 더 자유롭고 행복하며 또 의미 있는 나날들이 될 것이다.

마음공부를 위한 셀프깨달음,
나에게 묻고 답해보기

질문 나는 식구들을 다른 사람들과 비교할 때
    주로 어떤 점들을 비교하는 경향이 있는가?

: '일'이 주는 의미

앞에서 중년기는 '지나온 삶을 돌아보며 평가'하는 시기라고 했는데, 이것은 남다른 의미가 있다. 다시 말해, 중년기에 하는 평가는 학교에서 기말고사와는 달리 '중간고사'를 통해 그동안 공부한 내용을 중간평가해보고 자신의 부족한 부분을 메울 수 있는 기회를 얻는 것과 같다. 반면 노년기에는 삶을 수정하기보다는 있는 그대로 인정하고 받아들이면서 자신이 살아온 삶에 끊임없이 의미를 부여해야 한다. 이렇듯 중년기에 자신의 삶을 평가하는 것은 시간적으로 볼 때 아직 기회가 남아있음을 뜻하기 때문에 고통스럽지만 그래도 희망을 준다.

더욱이 평균수명이 길어진 덕분에 보너스와 같이 주어진 시간들을 그냥 흘려보내지 않고 20~30대의 젊은이들처럼 꿈과 비전을 가지고 다시 한번 삶을 계획해서 살아간다면 우리의 삶은 더 만족스럽고 의미로 충만하게 될 것이다.

특별히 50대에서 60대에 해당하는 시기를 '제2성인기'라 부르기도 하는데, 제2성인기는 바로 중학교의 '자유학기제'에 비유해볼 수 있다. 자유학기제란 중학교에 도입된 과정으로 시험을 치르지 않고 스스로 꿈과 끼를 찾을 수 있도록 동아리나 예술, 체육 등 다양한 체험활동을 통해 자신의 진로를 탐색해보는 기간을 말한다.

다시 말해 중학교의 자유학기제는 살아가면서 직업이 매우 중요하기 때문에 자신의 재능이나 성격, 혹은 자신의 취향을 잘 고려해서 평생 놀이처럼 즐겁게 할 수 있는 일을 신중하게 선택하라는 의미로 만들어진 것이다.

일(직업)은 특별히 그 사람의 정체성('나는 누구인가?'에 대한 답)을 말해주는 것으로서 삶의 기반이고 또 자존감과도 밀접한 관련을 가진다.

따라서 '자유학기제'에 해당하는 중년세대들은 제도적인 교육은 없지만 지금까지 살아온 삶을 돌아보면서 자신이 좋아하거나 자신만이 잘하는 일이 무엇인지, 혹은 정말 하고 싶었지만 젊은 시절 여건이 되지 않아서 하지 못한 일은 무엇인지, 어떻게 살아야 자신의 재능을 펼치며 나답게 사는 삶인지에 관해 깊이 탐색해보는 시간을 가질 필요가 있다.

이때 중요한 것은 꿈을 넘어 비전을 가지고 열심히 준비하는 것이다. 왜냐하면 꿈은 "이다음에 언덕 위에 하얀 집 짓고 살고 싶어."처럼 아주 '막연한 기대감'인 반면에, 비전이란 마음의 눈으로 바라보는 나의 최종적 미래상으로서 자신의 막연한 꿈에 어떤 기한(마감시간)을 정해주는 것이기 때문이다.

이렇게 기한을 정해주어야 꿈은 실현될 수 있다. 그렇지 않으면 꿈이 그냥 꿈으로 끝나기 쉽다. 북유럽 여행에 대한 꿈을 갖고 있는 사람이 마감시간, 이를테면 언제 갈 것인지에 대한 계획이 없으면 상황에 따라 자꾸 미루며 그저 달성되지 않는 꿈으로만 남을 수 있는 것과 같다. 다시 한번 강조하되 인생 후반전을 위한 계획이 흐지부지 끝나지 않고 결실을 맺기 위해서는 명확한 비전을 품는 것이 전제되어야 한다.

더불어서 이런 점도 고려해야 한다. 나의 재능과 하고 싶은 열정, 그리고 자신의 형편과 처지를 고려해 할 '일'을 정했다면 이제 '어떤 종류'의 일인지보다 그 일을 어떻게 바라볼 것인지 생각해봐야 한다. 다시 말해 직업, 경력, 소명 세 가지의 관점 중 '어떤 관점'에서 나의 일을 바라볼 것인지가 관건이다.

설명하자면, 첫 번째 관점은 '돈을 벌기 위한 수단으로 자신의 일을 바라보는 것'이다. 물론 당장 입에 풀칠하는 것도 어려워서, 혹은 자녀들 뒷바라지가 끝나지 않아서 아니면 노후준비가 전혀 되어있지 않아서 잡히는 대로 일을 해야 하는 경우도 있다.

일을 바라보는 두 번째 관점은 '경쟁에서 이겨 남보다 높은 곳으로 올라가게 해주는, 즉 더 높은 사회적 지위나 권력을 얻을 수 있는 경력과정'으로 보는 것이다. 이들은 직장생활을 하면서 경쟁과 성취를 중요시한다. 하지만 50이 넘어가고 또 은퇴가 가까워오면 사람들은 어떤 경력을 쌓기 위한 과정으로만 자신의 일을 바라보기보다 그동안 해온 일을 바탕으로 자신이 하려는 일이 다른 사람들에게 유익이 될 수 있도록, 사회에 기여하는 방향으로 전환하려는 여유가 생긴다.

일을 바라보는 세 번째 관점은 소명으로 자신이 하는 일을 좋아하고 즐길 뿐만 아니라 보람과 가치를 느끼는 것이다. 마치 벽돌을 쌓는 일을 하면서 그저 돈을 벌기 위해 벽돌을 쌓는 것이 아니라 아름다운 예배당을 짓고 있다고 대답한 사람처럼, 자기의 일이 어떤 일이냐에 상관없이 의미를 부여하는 것이다. 50~60대들이 앞으로 할 일을 준비함에 있어서 가장 필요한 것도 바로 이 소명의 관점에서 일을 바라보고 또 찾는 것이라 할 수 있다.

예컨대 어떤 여성분은 50 중반을 넘어 일을 찾는 것이 쉽지는 않았지만 자신에 대한 탐색 과정을 거쳐 '장애인 활동 보조인'이라는 직업을 갖게 되었고, 처음 시작한 일은 시각 장애인을 돌보는 일이었다.

헬렌 켈러가 『3일만 볼 수 있다면』 이라는 수필에서 말한 것처럼, 이분은 '장애인 활동 보조인'이라는 일을 하면서 날마다 오감을 누릴 수 있는 정상적인 몸을 갖고 태어난 것만으로도 감사하는 마음을 갖게 되었다고 한다. 이처럼 혹 생계를 유지하기 위해 돈이 필요해서 어떤 일을 하게 되었다고 할지라도 그 일에 스스로 의미를 부여할 수 있고 감사의 마음을 덤으로 얻을 수도 있다.

또 다른 분은 은행원으로 일하다가 은퇴했는데 지금은 초등학교에서 방과 후 강사로 활동하면서 또 다른 삶의 의미를 느끼고 있다. 금융교육을 통해 학생들에게 어릴 때부터 용돈을 제대로 관리하는 법과 저축의 중요성을 가르치는 일이 이분에게 큰 보람을 안겨주기 때문이다.

인생 후반전에 할 일을 계획함에 있어, 지금까지 해왔던 일과 관계는 없지만 나만의 재능이라 생각되는 것을 찾아 시도하거나, 재능 여부와 관계없이 과거에 하고 싶었고 여전히 하고 싶은 일을 시도하는 것은 의미 있는 일이다.

예컨대 어떤 분은 50이 넘어 연극배우의 길을 걷기도 하고, 60이 훨씬 넘은 나이에 문단에 등단해 시와 수필로 자신이 지금까지 살아온 삶을 나누는 분도 있다. 또는 방송통신대나 사이버로 자신이 원하는 전공을 택해 공부에 매진하는 분도 있다. 지금까지 살아온 삶이 그저 감사할 뿐이라며 봉사하는 일에만 전념하는 분도 있는데, '봉사'와 '재능기부', 그리고 '프로보노(Pro Bono)'를 구분하면 다음과 같다.

먼저 '봉사'란 대가를 바라지 않고 남을 위해 애쓰고 수고하는 것이라고 할 수 있다. '재능기부'란 갖고 있는 재능을 개인의 이익만을 위해 쓰지 않고 사회에 기여하는 새로운 기부형태를 말한다. 여기서 재능기부가 봉사와 다른 점은 자신의 '재능'을 사회에 환원한다는 것이다. 마지막으로 '프로보노'란 각 분야의 전문가들이 사회적 약자를 돕는 활동을 말하는데, 예컨대 변호사를 선임할 여유가 없는 개인이나 단체에 보수를 받지 않고 법률 서비스를 제공하는 것이다.

매슬로우(Maslow)의 욕구위계 이론을 보면 인간이 가지는 욕구들에는 생리적 욕구, 안전의 욕구, 애정과 소속에 대한 욕구, 자기존중의 욕구, 지적욕구, 심미적 욕구, 자아실현의 욕구 등이 있다. 이중에서 자아실현의 욕구는 내가 잘하고 또 좋아하는 일을 하면서 살고 싶어 하는 욕구를 말한다. 그리고 이 자아실현의 욕구가 중요한 이유는 내가 하는 일을 통해 나 자신이 가치 있고 또 괜찮은 사람이라고 느낄 수 있기 때문이다. 이런 자아실현의 욕구가 내면의 아름다움, 즉 선하게 살면서 남에게 베푸는 삶을 추구하는 심미적 욕구와 결합한다면 참으로 나도 행복하고 다른 사람들도 행복한 사회가 될 것이다.

마음공부를 위한 셀프깨달음,
나에게 묻고 답해보기

질문 나는 '직업, 경력, 소명' 중 어느 관점에서 나의 일을
바라보고 있는가?
혹은 내가 하고 있는 일을 소명의 관점(본문에서 벽돌을
쌓는 일을 하면서 거룩한 예배당을 짓고 있다고 의미를 부여한
사례처럼)에서 본다면, 지금 내가 하는 일에 어떤 의미를
부여할 수 있을까?

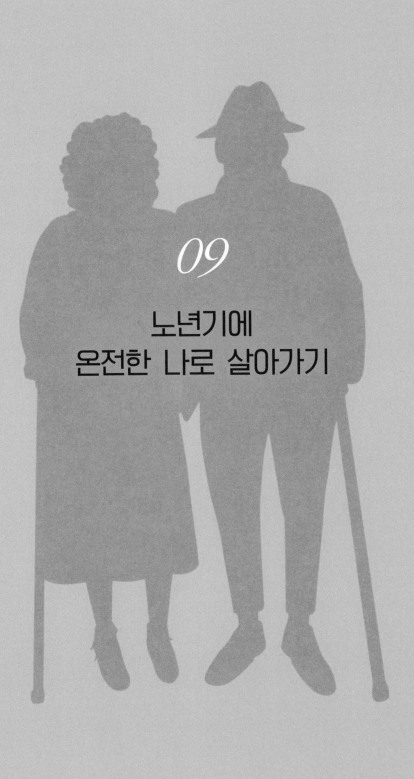

09

노년기에
온전한 나로 살아가기

노년기에
온전한 나로 살아가기

∶ 노년기의 발달과업은 화해하기

죽음은 언제 우리에게 다가올지 모른다. 노년기에는 더더욱 그렇다. 매일 공원에 나가면 만날 수 있었던 분이나 늘 경로당에 나오시던 어르신이 며칠 동안 보이지 않아 연락을 해보면 돌아가셨다는 소식을 접할 때가 종종 있다. 또는 친지나 이웃 어르신이 뇌졸중이나 뇌경색 아니면 여타의 질병으로 병원에 입원하셨거나 요양병원으로 가셨다는 소식을 접할 때가 종종 있다.

이런 일들이 말해주는 것은 우리가 이 세상을 살아가면서 매일 아침과 저녁을 맞이하듯이, 노년기와 죽음 또한 누구나 맞이할 수밖에 없고 예고 없이 찾아오는 죽음을 잘 준비해야 한다는 것이다.

그렇다면 어떻게 해야 언제 다가올지 모르는 죽음을 잘 맞이할 수 있을까? 우리는 흔히 이런 표현들을 쓴다. "그 문제가 규명될 때까지 나는 절대로 눈을 감을 수 없어.", "어린 핏덩이를 두고 어떻게 눈을 감아요?" 그렇다. 자연스럽게 죽음을 맞이할 수 있기 위해서는 우리의 마음을 힘들게 하거나 고통스럽게 하는 일들이 해결되어야 하고 그 일들이 해결될 때 비로소 우리는 '이제 죽어도 여한이 없다.'라는 말을 할 수 있다.

자녀가 결혼을 했지만 오랫동안 손자가 없어서 애태우다 손자가 생겼을 때도 '이제 죽어도 여한이 없다.'라는 말을 한다. 혹은 긴 시간동안 질질 끌던 분쟁이나 소송이 해결되었을 때도 그런 표현을 하는 것을 보면, 마음을 고통스럽게 하는 일들의 대부분은 관계 속에서 감정적으로 얽혀있는 문제들임을 알 수 있다. 어르신들과 상담하다 보면, 종종 감정적으로 얽힌 문제들로 지금도 여전히 괴롭지만 그것들을 피하고 억누르다 보니 몸이 대신 아픈 것 같다고 하시는 소리를 듣는다.

더욱이 사람들이 죽음을 앞두고 후회하는 것들 중 하나가 '가슴속에 맺힌 사연을 풀지 못한 것'이라고 한다. 가슴에 맺힌 감정들은 시간의 흐름과 함께 자연스럽게 잊히기는커녕 더 생각나서 내 마음을 흔들고 힘들게 한다.

그래서 노년기에 해야 할 가장 시급하고도 중요한 일은 평생 쌓아온 한을 풀어내는 것이다. 이 일은 노년기 내내 행해져야 하기 때문에 노년기에 이루어야 할 발달과업이라고도 할 수 있다. 인간이 이 세상에 태어나 적응하며 살아가기 위해서는 특정한 시기마다 이루어야 할 발달과업이 있고, 이를 성공적으로 성취할 때 비로소 행복감과 만족감을 느끼게 된다.

노년기의 발달과업은 바로 '화해', 특히 '나 자신과의 화해를 이루어가는 것'이다. 누군가와의 관계 속에서 생긴 마음의 문제가 해결되었을 때 '서로 화해했다'는 표현을 쓰는 것처럼, 그렇게 내 안에 응어리진 묵은 감정들이 모두 풀어졌을 때 비로소 '나는 자신과 화해했다'고 말할 수 있을 뿐만 아니라 그동안 나를 조정해온 억눌린 감정의 지배에서 벗어날 수 있다. 그럴 때 비로소 죽음까지도 거부하지 않고 받아들일 수 있게 된다.

물론 노년기가 되면 누구나 자기도 모르는 사이에 자신과 화해하려 애를 쓴다. 예컨대 노인이 되면 말이 많아지기도 하고 또 같은 이야기를 반복하는 모습이 자주 눈에 띄는데, 바로 이 내용이 그 어르신만의 사연일 수 있다. 예컨대 어느 어르신은 직업 중 가장 좋은 것은 공무원이라며, 8명이나 되는 손주들 앞에서 직업 이야기만 나오면 "○○야 공무원 돼라. 공무원이 최고야."라는 말씀을 하신다. 손주가 남다른 전공을 했고 또 자신만의 꿈과 계획이 있다고 말씀드려도 막무가내다. 공무원이 최고로 좋으니 그냥 공무원을 하라고 반복해 말씀하신다. 때와 장소를 가리지 않고 직업만 거론되면 공무원이 가장 좋다고 하신다.

이 어르신에게는 사연이 있었다. 18살에 남편 얼굴을 한 번도 못본 상태에서 결혼했는데, 그 남편은 변변한 직업이 없었다. 힘든 결혼 생활 중에 친지의 도움으로 남편이 국가기관에 임시직으로 취직하게 되었고 그것을 계기로 정식 직원까지 되었다. 마침내 어르신은 그 지긋지긋한 가난에서 벗어날 수 있었고 지금은 80대 후반이시지만 연금까지 받으시며 남부럽지 않게 생활하신다. 그러다 보니 이 어르신에게는 세상에서 가장 안정적이고 좋은 직업이 공무원인 것이다.

반복되는 말들에는 그 사람만의 사연이 들어있을 수 있다. 혹이라도 부모님이나 친구, 그리고 주변 이웃들과의 관계 속에서 이런 경험을 한다면 그만하시라고 면박을 드리기보다 공감의 말을 하면서 잘 들어드린다면, 그것은 '맺힌 것이 풀어지는 경험'이 됨으로써 그분의 마음은 치유될 수 있다. 결국 자기 자신과의 화해까지 이루어 갈 수 있을 것이다.

이야기를 반복하는 것과 관련해 한 가지 기억해야 할 점은 이런 반복과정이 꼭 필요하고 또 유용하다는 것이다. 겉으로 보기에는 어르신들이 음성적으로만 말을 반복하는 것 같지만 반복할수록 그 응어리진 감정의 강도 또한 옅어지기 때문이다.

묵은지를 물에 한 번 담갔다 뺐다고 해서 짠 기는 가시지 않는다. 여러 번 담가야 묵은지의 짠 맛이 줄어드는 것과 같은 이치라 할 수 있다. 그러므로 노년기에는 가슴속 이야기를 풀어놓고 공감을 나누는 자리가 많이 마련될수록 좋다. 이로써 십 년 묵은 체증이 내려가듯 시원함을 느낄 뿐 아니라, 다른 사람의 이야기를 들으면서 나만 그런 어려움과 고통을 당한 것이 아니고 다른 사람들도 똑같이 혹은 더한 마음의 고통을 안고 살아왔다는 인식 자체로 위로가 되기 때문이다.

어르신들과 집단 상담을 하다 보면 이런 경험을 많이 하게 된다. 예컨대 한 어르신이 자신의 남편이 바람을 피워 그 수습을 하느라 집까지 날리고 호떡장사를 하며 아이들을 키웠던 힘든 시절 이야기를 하셨다. 모두들 깜짝 놀랐다. 평상시 늘 깔끔하게 차려입고 주변 사람들의 시선을 한 몸에 받으며 복지관에 다니셨고, 거기다 항상 웃는 미소에 쾌활한 성격이라 고생한 흔적이 전혀 보이지 않았기 때문이다. 모두들 정성껏 들어주며 그동안 얼마나 힘들었냐고 위로와 공감을 해주었다. 이 어르신은 마음속 이야기를 털어놓음으로써 남편에 대한 미운 감정을 어느 정도 빼내니 남편에 대한 긍정적인 감정도 나오기 시작했

신중년·신노년의 마음공부

다. 사람은 누구도 완벽하지 못할 뿐만 아니라 장점과 단점이 함께 있기 마련인데, 상대방에 대해 부정적 감정을 갖고 있을 때는 그 사람의 장점이 보이지 않는다. 화나 미움이 어느 정도 빠져나갈 때 비로소 장점이 보이기 시작한다.

이 어르신의 경우도 마찬가지였다. "우리 남편이 바람은 피웠지만 그래도 친정집에는 참 잘했어. 그래서 친정 부모님도 좋아하셨지." 이런 과정을 거쳐 자신과의 화해가 이루어지는 것이다.

이런 연유로 노년기의 발달과업을 '나 자신과 화해하기'라고 한다. 노년기 내내 자기와의 화해, 그리고 가족들을 비롯한 다른 사람들과의 화해까지 이루어가는 '화해의 시간'이 되는 것이다.

우리에게 잘 알려진 에릭슨(E. H. Erikson)이라는 학자는 노년기의 발달과제를 '자아통합'이라고 보았는데, 이 말도 결국은 '나 자신과 화해하기'와 같은 의미이다. 에릭슨의 자아통합에서는 자기와의 화해가 이루어질 때 비로소 우리는 온전히 나를 인정하고 받아들일 수 있을 뿐 아니라, 스스로를 사랑하는 데까지 나아갈 수 있음을 강조하고 있다.

마음공부를 위한 셀프깨달음,
나에게 묻고 답해보기

질문 노년기의 발달과업은 '화해하기(내 안에 응어리진 묵은
감정을 풀어내기)'인데, 나 자신과 화해를 이루어나가야
하는 것에는 어떤 것들이 있는가?

: 노년기의 여가활동

여가란 원래 '노동 이외의 시간'을 말하는데, 순수한 여가는 '완전히 자유로우며, 어떤 외적 보상도 요구하지 않고 활동 자체에 만족을 느끼는 경우'를 말한다. 이런 의미에서 볼 때 노년기에 맞이하는 여가가 진정한 의미의 여가라고 할 수 있다. 왜냐하면 노년기는 여러 가지 책임을 져야 하는 사회적 역할이나 '직업'에서 벗어났을 뿐만 아니라, 어찌 보면 수면시간이나 식사시간을 제외한 모든 시간들이 다 여가시간에 해당하기 때문이다.

노년기에 맞이하는 4가지 어려움(빈곤, 질병, 무위, 외로움) 중에 '무위(할일이 없음)'가 있다. 많은 어르신들이 오래 살고 싶어서 애를 쓰는데, 막상 그분들의 삶을 들여다보면 할 일이 없어서 심심함을 넘어 답답해하시기까지 한다. 마치 아침에 일어나면 '하루를 또 어떻게 채우나?' 매일 고민거리를 달고 사는 사람들 같다.

어쩌면 여가시간을 어떻게 보내느냐에 따라 삶의 행불행이 결정된다고 볼 수 있는데, 2014년 보건복지부가 발표한 노인실태 조사결과에 따르면 여가활동 중에서 텔레비전 시청이 82.4%로 1위를 차지했다. 노년기에는 거동이 불편해서 외부활동에 어려움이 있고 또 경제적인 측면을 고려할 때 돈이 들어가지 않는 여가활동을 생각하다 보니 그런 결과가 나왔을 수도 있다.

이처럼 노년기에는 여가시간이 늘어나는 반면, 이런저런 이유로 여가활동의 범위는 축소되는 경향을 보인다. 하지만 사는 날까지 좀 더 행복하고 보람 있는 노년기가 되도록 개인적으로, 또 국가적 차원에서 좀 더 다양한 여가활동방법을 모색해 활성화할 필요가 있다.

노년기의 여가활동 유형은 성별, 건강 상태, 경제적 상황, 학력 정도, 자라온 환경이나 지역에 따라 달라질 수 있는데, 지금부터는 실제로 행해지고 있는 활동들을 소개하려고 한다.

먼저 노인 일자리 사업을 통해 얻게 된 일(물론 이 경우는 돈으로 보상이 주어지는 여가활동이다)을 주된 여가활동으로 여기며 지내는 분들이 있다.

주로 노인복지관이나 주민행정복지센터 등을 통해 일자리를 얻을 수 있다. 예를 들면 소위 '깃발 들기'라고 불리며 학교 앞에서 등교하는 학생들의 '교통안전 지킴이' 역할을 하는 일이 있다. 또는 거동이 불편한 분들을 찾아가서 한 시간씩 말동무가 되어주거나 전화로 안부를 물어주는 활동도 있다. 아니면 독거 어르신들에게 도시락을 배달해주거나 지하철로 택배를 전달하는 활동도 있다. 요즘은 다문화가정을 방문해서 한글을 가르쳐주는 활동도 늘어나고 있는 추세다.

이런 일자리 사업에 참여하는 분들의 평균 연령은 2007년 70.8세였고 80세 이상은 5.2%였는데 2016년에는 80세 이상이 18.0%로 계속 늘어나고 있다. 한 달에 30만 원 정도를 받는 일자리 사업은 현재 주로 저소득 계층이면서 저학력인 고령층 여성들에게 집중되고 있는데, 경제적인 보탬을 넘어 부수적으로 주어지는 효과도 크다.

이를테면 활동은 주로 팀으로 이루어지며 일주일에 한 번 정도 함께 만나서 활동보고를 한다. 또 일한 후에는 함께 먹으며 자신들의 개인적 이야기를 나누면서 서로 위로와 공감을 받기도 한다. 이처럼 만남 자체가 사회적 관계를 향상시켜준다.

또 몸을 움직여 일을 하다 보니 건강해질 뿐만 아니라 감사하게 된다. "기적은 하늘을 날거나 바다 위를 걷는 것이 아니라, 땅에서 걸어다니는 것이다"라는 중국 속담처럼 손과 발을 움직이며 활동할 수 있음을 기적이라고 느끼게 되고, 그래서 감사하게 된다는 것이다.

두 번째로, 늘 같은 장소에 가서 산책하거나 공원을 한두 바퀴 도는 것으로 여가시간 대부분을 건강을 유지하기 위한 활동과 연결시켜 보내는 분들이 있다.

세 번째로, 노인복지관이나 경로당으로 매일 출근하는 분들이 있다.

요즘은 노인복지관에 다니시는 분들의 평균연령이 80세가 넘을 정도로 어르신들이 건강하신데, 복지관에 가면 다양한 프로그램들이 있어서 자신의 취향에 맞게 프로그램을 선택할 수 있고 더불어 저렴한 가격에 점심식사도 하실 수 있다. 또 프로그램에는 참여하지 않더라도 종일 장기나 바둑을 둘 수 있는 공간도 마련되어 있고, 물리치료실이나 운동을 할 수 있는 곳(헬스장)도 있다. 더욱이 요즘은 생활 속에서 컴퓨터나 스마트 폰의 사용이 일상화되었기 때문에 배우려는 분들이 많고, 그런 류의 강좌들이 늘어나는 추세이다.

셔틀버스도 다니고 하루에도 수백 명의 어르신들이 출입하는 복지관과는 달리 동마다 있는 경로당은 프로그램도 좀 느슨하고 소규모로 운영된다. 특히 복지관과는 달리 집에서 가깝기 때문에 거동이 자유롭지 못하고 나이가 많은 어르신들이 이용하고 있다. 마치 일상적으로 아침 먹고 출근하는 사랑방 같은 곳이라 할 수 있다.

경로당도 요가, 웃음치료, 노래교실 등의 프로그램이 요일별로 1시간씩 진행되며 점심식사도 제공되는 곳이 많다. 종일 화투놀이를 즐기기 위해 오는 분들도 있는데, 경로당의 장점은 무엇보다도 한 동네에서 평생을 살아왔기 때문에 회원들의 처지와 형편을 서로 잘 안다는 것이다. 그러다보니 체면을 차릴 필요 없이 쉽게 내 이야기를 할 수 있다.

네 번째로, 상황 때문에 손자손녀들을 돌봐주어야 해서 따로 무언가 취미·여가 활동을 하는 시간을 보낼 수 없는 경우도 있다. 손자손녀의 집으로 직접 가서 봐주기도 하고 아예 조부모의 집으로 손자손녀를 데려오기도 한다.

마지막으로 여가활동을 함에 있어 '봉사활동'을 우선순위로 삼는 분들이 있다. 미국 학술 저널에 '당신이 새롭게 태어난다면 어떤 삶을 살고 싶은가?'에 대한 보고서가 실린 적이 있다. 답변으로 희망하는 삶이 100가지 넘게 나왔는데, 그중 상위의 3가지는 다음과 같다. '자유롭게 살고 싶다. 맺힌 것을 풀고 싶다. 베풀면서 살고 싶다.'는 것이다. 그렇기 때문에 노년기에 늘어나는 여가활동 시간 중에서 한 부분을 '봉사활동'에 할애한다면 기쁨과 뿌듯함을 풍족하게 느낄 수 있을 것이다.

하지만 우리나라의 경우 노년기에 해당하는 분들의 봉사활동 참여 인원수는 매우 적다. 2003년 통계청 조사에 의하면 65세 이상 노인의 5.6%가 자원봉사활동에 참여하는 것으로 드러났다. 반면 미국의 경우에는 65세 이상에 해당하는 사람들의 40% 이상이 봉사활동에 참여하고 있다고 한다.

아직 수치로는 조사가 되지 않았지만 요즘은 봉사활동에 대한 인식이 높아진 것으로 보인다. 뿐만 아니라 실제로 노후에 봉사활동을 활발히 하고 있는 분들의 사례가 미디어를 통해 종종 소개되고 있으며, 이는 많은 노년세대에게 도전의식을 주고 있다.

봉사활동과 관련해 '타임뱅크(Time Bank)'라는 것을 소개하면 다음과 같다. 타임뱅크는 나의 봉사시간을 저축해서 내가 다른 사람의 도움이 필요할 때 기꺼이 꺼내 쓰도록 네트워크화한 사회변화 운동이다. 육아, 청소, 환자 이송, 외국어 가르쳐주기 등 지역사회를 위한 어떤 서비스나 물품도 그 지역 타임뱅크에 저축할 수 있다.

예를 들어 혼자 사는 분의 집을 1시간 동안 청소해주었으면 그 시간이 '1시간 화폐(타임크래딧)'로 적립된다. 이렇게 쌓은 시간화폐는 나중에 필요할 때 사용할 수 있는데, 만약 자신의 컴퓨터가 고장 났을 경우 타임뱅크 회원 중 컴퓨터 전문가가 있으면 도움을 받을 수 있다.

애드거 칸(Edgar Cahn)이 1980년 창안한 타임뱅크는 현재 32개국 500여 개의 독립적인 타임뱅크로 성장했다. 한국에서는 2002년부터 '사랑고리은행'이라는 이름으로 운영되고 있다고 한다.

마음공부를 위한 셀프깨달음,
나에게 묻고 답해보기

질문 내가 주로 하는 여가활동은 무엇인가?
그리고 나는 그 활동에 얼마나 만족하는가?

: 멋진 노년기를 위한 이미지메이킹

멋지게 나이 든다는 말은 어떤 의미일까?

흘러가는 삶을 마음대로 통제하려 하고 늙어가는 몸의 노화를 막으려고 발버둥 치기보다, 현재의 내 모습과 환경을 받아들이면서 여전히 내가 할 수 있는 일들을 찾는다면 그것이 행복이고 또 성공적으로 나이 들어가는 것이라 할 수 있다. 다시 말해 멋지게 나이 든다는 것은 나이 듦의 가치를 발견하는 것이다.

그러니까 화장품 광고처럼 자연적 노화를 거슬러 무조건 주름을 없애려는 '안티에이징(anti-aging)'에 몰두하기보다, 신체적으로 노화되어가는 모습들이 힘든 세월을 잘 버티며 살아온 표징으로 나의 성숙을 의미한다고 받아들이는 것이다.

그렇다고 해서 외모를 가꾸지 말고 그냥 있는 그대로 아무렇게나 놓아두라는 말이 아니다. 나이가 들었어도 우리는 늘 관계 속에서 생활하기 때문에 자신이 다른 사람들의 눈에 어떻게 비춰지는지 늘 살펴보아야 한다.

예컨대 버스나 지하철 안에서 젊은이들이 어르신들에게서 냄새가 난다며 눈살을 찌푸리거나 피할 때가 있는데, 나이가 들면 영양분을 섭취한 후 노폐물을 배출하는 대사기능이 떨어지다 보니 자연스럽게 젊은 시절보다 더 냄새가 날 수 있기 때문에 늘 청결에 신경 써야 한다. 이런 강의를 하면 종종 다음과 같은 에피소드가 생긴다. 어떤 어르신들은 모임에 가거나 외출할 때 자녀들이 사용하는 향수를 너무 많이 뿌리고 오셔서 옆 사람이 진한 향수냄새로 힘들어하는 것이다.

어르신들이 공중도덕을 무시하실 때도 주변 사람들은 인상을 찌푸리게 되는데, 지하철 플랫폼에서 사람들이 내리기도 전에 마구 밀고 들어가신다든지 혹은 자리를 양보받았을 때 당연하다는 듯이 앉으시는 분들이 있다. 이런 경우 '고맙다'는 인사 한 마디를 건넨다면 자리를 양보한 사람은 하루 종일 기분이 좋을 것이다.

그렇다면 사람이 가진 내면이 중요할까? 아니면 외면이 중요할까? 물론 보이지 않는 내면, 그러니까 사람의 됨됨이가 가장 중요하다. 하지만 실생활에서 우리의 모습을 보면 보이는 것을 통해 상대방을 평가하고 그 사람과 친하게 지낼지 말지를 결정하는 경향이 있다.

이런 연유로 노년기에는 더더욱 '이미지메이킹(image making)'이 필요한데, 이미지메이킹이란 우리의 내면뿐만 아니라 외면 관리도 잘해서 이왕이면 관계 속에서 불쾌감이 아니라 호감이 가는 인상을 줄 수 있도록 하는 깃이다.

각종 면접에서 보이는 외면인 첫인상을 중요하게 여기는 것도 바로 이런 이유 때문인데, 이처럼 겉모습은 '선물상자'와 같은 것이라고 할 수 있다. 왜냐하면 정말 중요한 선물은 상자 안에 있으나, 일단 그 선물상자에 호감이 가야 그 선물상자를 열어보기 때문이다.

그렇다면 이토록 중요한 외면은 무엇을 말하는가? 표정을 포함한 외모를 말하는데, 구체적으로 우리의 말씨, 인사, 태도 등의 예절 부분이 외면에 속한다. 여기서 예절은 사람에 대한 존중이 몸과 행동으로, 그러니까 밖으로 표현된 것으로 일반적으로는 젊은이들이 나이 든 사람들에게 지켜야 하는 것이라 생각하지만 사실상 나이에 상관없이 모든 사람들이 서로 지켜야 하는 것이다.

'예절' 하면 우리는 가장 먼저 인사를 떠올리는데, 인사의 뜻을 알면 남녀노소 혹은 알거나 모르는 사이인지에 상관없이 왜 정성껏 인사해야 하는지 알게 될 것이다.

예컨대 '반갑습니다.'에서 반은 '신', '하느님'이라는 뜻이고 '반갑다'
는 '반과 같다' 즉, '당신은 신과 같은 사람입니다.'라는 의미이기 때문
에 '반갑습니다.'라는 인사는 상대방에게 최고의 존중을 표현하는 것
이다. 이런 연유로 우리는 인사를 할 때 고개를 숙인다.

이렇게 인사에는 빈부귀천에 상관없이 이 세상에 인간으로 태어났
다는 사실 하나만으로 상대방이 무조건 귀하며 존중받아야 마땅하다
는 의미가 담겨있다. 아이콘택트(눈마주침)를 하면서 밝은 표정으로, 그
리고 명랑한 목소리로 먼저 인사한다면 담겨진 숭고한 의미가 상대방
에게 더 잘 전달될 것이다.

인사를 할 때는 당연히 자세도 중요한데, 자세가 바르면 언어도
반듯하게 나오기 때문이다. 예컨대 '차렷' 자세로는 남을 웃기는 말이
나올 수 없다. 그래서 학교에서 공부할 때 선생님들이 '자세를 바르게'
하라고 말하는 것이다.

우리는 생활 속에서 '예절'이라는 말과 더불어 '에티켓'이니 '매너'
니 하는 말들을 자주 하는데, 쉽게 둘을 구별하자면 에티켓은 예의범
절에 해당하는 것으로 '의무사항'에 해당한다. 반면 매너는 에티켓을
바탕으로 말이나 행동으로 표현되는 것으로 '선택사항'에 해당한다고
볼 수 있다.

예컨대 볼일을 보기 위해 화장실에 갔을 때 화장실 문을 확 열어
젖히는 사람은 아마 없을 것이다. 이는 예의에 어긋나는 행동이기 때
문이다. 다시 말해 우리는 에티켓이 있기 때문에 문을 열기 전에 먼저
노크를 한다.

그런데 매너가 좋은 사람이라면 안에 있는 사람이 놀라지 않도록

노크를 할 때도 부드럽게 두드릴 것이다. 매너와 관련해 이런 예시도 들 수 있다. 부모님을 모시고 어딘가 가기 위해 부모님 집 앞에 도착해서 차를 댔을 때, 걸어오시는 엄마에게 창문을 열고 경적을 울리며 "어서 오세요!" 소리치는 것보다 얼른 내려서 손수 차 문을 열어드린다면 차를 타기도 전에 서로의 마음이 훈훈해질 것이다.

지금까지 에티켓과 매너를 포함한 이미지메이킹에 대해 살펴보았다. 이런 이미지메이킹 교육은 나이 드신 어르신들에게 꼭 필요하다. 우리 어르신들은 살아오시면서 관계 속에서 지켜야 할 것들을 배울 기회가 거의 없었을 뿐만 아니라, 요즘 사람들과는 달리 사회생활을 많이 하지 않으셨기 때문에 자신의 행동이나 말씨가 상대방에게 어떻게 비춰지는지에 대해 피드백을 받아본 적이 별로 없기 때문이다.

그래서인지 복지관의 사무실에 오셔서 직원들을 대할 때 나이가 본인보다 어리다는 이유 하나만으로 반말을 해대기도 하고, 본인이 은퇴 전에 직장에서 상무였으면 복지관에서도 상무처럼 행세하시는 분들이 있다. 또 물리치료실 같은 곳에 오셔서 무조건 먼저 해달라고 떼를 쓰시는 분들도 있고 식당에서 식사를 하실 때도 자리를 몇 개씩 맡아 놓아 다른 사람들이 앉지 못하도록 하시기도 한다.

마지막으로 말씨에 대한 것인데, 말은 살아있어 상대방의 마음속에 기분 좋은 에너지로 작용하기도 하고 휘저으며 상처를 주기도 한다. 따라서 내가 무심코 한 말이 상대에게 치명적인 상처가 될 수도 있음을 늘 의식하며 가려 말하는 습관이 필요하다. 복지관에서 '스포츠댄스' 프로그램이 진행되고 있는 강의실을 지나며 들은 말이다. "어르신들, 그런 식으로 하면 백날 연습해도 안 돼요. 안 돼." 이렇게 말하면 모두 기가 죽기 마련이다. 그럼 이때 강사가 어떻게 말하면 좋을까?

마음공부를 위한 셀프깨달음,
나에게 묻고 답해보기

질문 나는 남들에게 보이는 부분인 외면(표정을 포함한 외모 즉
말씨, 인사, 태도 등)을 얼마나 중요시하는가?
또 외면 중에서 내가 특별히 신경 쓰는 부분은 어디인가?

10

'손자 돌봄'에 관하여

'손자 돌봄'에 관하여

: 손자 돌봄, 꼭 필요한가?

자녀들을 결혼시키고 손자를 보게 될 때의 기쁨이 얼마나 큰지는 굳이 설명할 필요가 없다. 하지만 딸이나 며느리가 직장생활을 할 경우 곧바로 '손주를 누가 돌봐줄 것인가?' 하는 문제가 발생한다. '세 살 버릇 여든까지 간다'는 속담도 있듯이 이 기간은 굉장히 중요하기 때문에 태어나서부터 최소한 3~4년 동안은 부모나 조부모가 아이를 양육하는 것이 좋은데, 물론 조부모 편에서 볼 때 고충도 있지만 손자 양육이 가져다주는 유익한 점들도 많다.

이를테면 사람은 누구나 이 세상에 온 흔적을 남기고 싶어 하므로 나이가 들수록 마음이 바빠진다. 내가 죽더라도 어떤 흔적을 통해 사람들에게 기억되기를 바라는 마음이 간절하기 때문일 것이다.

물론 많은 돈을 기부하거나 큰 업적을 남겨서 나를 알리고 또 기억되게 할 수도 있다. 하지만 지금까지 큰 업적을 남기지 않았다 할지라도 내가 이 세상에 왔다 간 좋은 흔적을 남기는 일, 그러니까 귀하고 의미 있는 일을 할 수 있는 기회가 있는데 바로 손자를 돌봐주는 일이다. 더욱이 자식을 키워본 경험과 더불어 수없는 인생 경험들을 통한 지혜의 축적이 손자손녀 양육에 큰 도움이 될 수 있다.

예컨대 어린이집에 데려갈 때 엄마들은 아이를 향해 빨리빨리 서두르라고 재촉을 하는 경향이 있는데, 조부모들은 그렇게 조급하게 재촉해대지 않는다. 왜냐하면 재촉한다고 해서 아이들이 서두르는 것은 아님을 경험을 통해 알고 있기 때문이다.

실제로 아이의 나이에는 '내가 늦게 준비하면 어린이집 차를 놓칠 수도 있다'는 사실을 인지할 수가 없기 때문에 재촉하는 것이 별 효과가 없다. 매사에 이런 식의 느긋함이 있기 때문에 조부모에게서 자란 아이들이 성격적으로나 정서적으로 안정감 있게 성장한다는 관념이 있는 것이다.

뿐만 아니라 조부모에게서 자란 아이들이 예의가 바르다는 말을 많이 듣는데, 아무래도 어린 시절 할머니나 할아버지와 함께 생활하다 보니 어른들을 대하는 공손한 말이나 태도가 몸에 습관으로 배었기 때문일 것이다.

『격대교육이 오바마를 만들었다』는 책에서도 버락 오바마(Barack-Obama) 대통령은 자신이 편견 없이 자랄 수 있었던 비결이 모두 외할머니 덕분이며, 할머니는 늘 기회를 놓치지 말라고 하셨다고 기록하고 있다. 물론 오바마는 부모의 이혼으로 할머니에게서 양육을 받을 수밖에 없는 상황이었다. 이처럼 조부모가 손자에게 끼칠 수 있는 영향은 대단하다.

마지막으로 손자 돌봄을 통해 아들이나 딸과의 관계가 호전될 수 있다. 즉 자녀와 화해할 수 있는 마지막 보루인 셈인데, 왜냐하면 자녀는 부모가 자신의 자녀에게 사랑을 쏟을 때 그 사랑을 자신이 받는 것처럼 느끼기 때문이다.

더욱이 부모가 자신의 자녀들을 키워주는 것을 보며, 자신들이 자라오면서 받았던 상처와 불만들을 이야기할 수 있는 기회들이 만들어진다. 그때, 어린 시절 자신들이 받았던 상처가 치유되는 경험을 할 수 있다.

예컨대 손자가 로봇 장난감을 가지고 노는 것을 보며 아들이 "엄마, 나도 어릴 때 이런 로봇 갖고 싶었는데….."라고 하는 경우이다. 조부모는 아이 아빠에게 "아들, 그랬구나. 그때는 네 아버지 사업이 부도가 나서 우리 집 가정형편이 무척이나 어려웠지. 그런 마음을 가지고 있는 줄도 모르고 엄마는 우리 아들이 일찍 철들었다고만 생각했어. 네 마음을 알아주지 못해서 미안해."라고 하며 아들이 하는 말을 진심으로 들어주고 또 사과할 것이다. 이때, 아들은 아들대로 자신의 마음속 응어리가 풀릴 수 있다.

손자 돌봄에 이토록 유익한 점들이 있지만, 아이 부모와 조부모는 서로 다르기 때문에 손자 돌봄에 대해 거는 기대와 욕구가 다르다. 그래서 서로 간의 소통이 필요한데, 소통의 도구로 '돌봄 계약서'라는 것을 서로가 합의해 작성하면 좋다. 돌봄 계약서 안에 포함할 것들을 제안하면 다음과 같다.

첫째, 서로 간에 해야 할 일의 한계를 명확히 하는 것이다.

이는 '아이를 조부모 집에 맡길지, 아니면 조부모가 자녀 집에 와서 손자를 돌볼 것인지'를 먼저 정해야 한다는 것인데, 이것이 정해진 상황이라면 '돌봄 시간'이나 '가사활동 범위'를 정확히 해야 한다. 이를 정하지 않으면 서로 갈등이 생길 수밖에 없을 것이다.

한계를 정하지 않으면 사생활, 곧 개인적인 시간을 가질 수 없게 될 수도 있다. 딸이나 며느리가 매일 일이 있다며 늦게 온다고 생각을 해보자. 한동안은 해낼 수 있겠지만 장기적으로 이어지면 굉장한 스트레스가 될 것이다.

더욱이 이런 한계를 정하지 않으면 조부모가 모임이나 약속이 있을 때 거꾸로 딸에게 부탁하는 신세가 되거나, "엄마, 나도 오늘 회사 일 많아. 그런 계모임은 한 번 정도 빠져도 되잖아."라는 식의 어처구니없는 말을 들을 수도 있다. 이런 말을 여러 번 듣게 되면 자신이 무시당하는 것 같아서 서운할 수 있고, 서운함이 쌓이면 당장 그만두겠다는 식의 말을 자신도 모르게 내뱉는 경우도 생긴다.

가사활동 범위도 한계를 정해야 한다. 이를 정하지 않으면 조부모는 때때로 자식이 힘들어하는 것이 안타까워서 집안일까지 해주게 되는데, 나중에는 딸이나 며느리가 이런 도움을 당연한 것으로 여길 수 있고 조부모는 조부모대로 지치게 된다.

둘째, 손자와 관련된 일은 조부모 마음대로가 아니라 아이 부모와 의논해야 한다.

아이 교육 방식에 관해서는 부모가 1순위이고 조부모는 2순위라는 것을 기억해야 한다. 예를 들어 가게의 점원은 손님이 깎아달라고 아무리 애원해도 마음대로 깎아줄 수 없는 것처럼, 손자를 돌봐준다고 해서 아이 부모와 의논하지 않고 나만의 방법을 고집하면 안 된다.

이를테면 아이가 어린이집에 가기 싫다고 할 때, "그래, 학교도 아닌데 그까짓 하루 정도 빠진다고 무슨 일 나겠어. 할머니랑 놀자."라는 식은 안된다는 것이다. 일단 아이 부모와 의논을 해야 한다.

셋째, 손자를 돌봐준 대가로 받는 사례비는 아이가 안 보는 곳에서 주고받아야 한다.

조부모가 손자를 양육하는 시간은 주당 40시간이 넘지만 가정마다 형편이 다르기 때문에 사례비로 얼마가 적당하다고 딱 잘라 말하기는 어렵다. 하지만 베이비시터에게 아이를 맡기면 조부모가 아이를 돌봐주는 것보다는 많은 돈이 들어가기 때문에 이를 생각하면서 할 수만 있다면 넉넉하게 드리는 것이 좋다.

사례비는 매달 봉투에 넣어 드릴 수도 있지만, 계좌이체를 하는 것이 더 좋다. 왜냐하면 지금까지 조부모들이 살아온 사회문화적 배경에서는 돈을 받고 손자를 봐준다는 것이 부담으로 작용하기 때문인데, 부득이하게 현금으로 드릴 때는 아이가 안 보는 곳에서 드리도록 한다. 이런 사례가 있다. 어느 날 손자가 장난감을 사달라고 졸라서 그것은 엄마한테 말하라고 했더니, "할머니, 우리 엄마가 할머니에게 돈 줬잖아. 내가 봤어. 그러니까 할머니가 장난감 사줘."라고 했다는 것이다.

한편 조부모들은 사례비를 자신의 생활비로 쓰기도 하지만 다시 손자나 아들딸을 위해 쓰려고 그저 모아두는 경향이 있는데 최소한 일부라도 자신을 위해 쓰기를 권한다. 한 달 동안 수고한 자신을 위해 옷이나 화장품을 한 가지씩 살 수도 있고, 친구를 만나 맛있는 식사와 차를 마시거나 매월 영화를 한 편씩 볼 수도 있다. 이런 식의 나를 위한 선물은 단순히 기분 좋은 것을 넘어 손자를 더 잘 돌볼 수 있는 에너지원으로 작용할 것이다.

마음공부를 위한 셀프깨달음,
나에게 묻고 답해보기

질문 손자가 태어난다면, 나는 손자를 돌보아줄 것인가?
돌보기로 했다면 그 이유는 무엇인가?
반면, 돌보지 않기로 했다면 그 이유는 무엇인가?

: 손자 돌봄에도 공부가 필요해

우리 조부모들이 이미 아이들을 키운 경험이 있긴 하지만 손주를 제대로 잘 키워주기 위해서는 특별히 아이의 발달단계에 대해서 한번쯤은 정리해 알아볼 필요가 있다. 이를 통해 자신의 경험으로 알았던 내용들이 다시 기억되고 정리도 될 것이다. 그래서 지금부터는 영유아기에 해당하는 아이들이 갖는 특성들에 대해 살펴보려고 한다.

흔히 발달단계를 신생아기, 영아기, 유아기 등으로 나누는데 신생아기라 함은 태어나서부터 2~4주까지를 말한다. 그리고 관점에 따라 영아기와 유아기를 조금씩 다르게 구분하기도 하는데, 보통 영아기는 신생아기 이후부터 2세까지를 말하고 유아기는 4세까지를 칭한다.

먼저 영아기다. 이때는 정말 힘들다. 왜냐하면 아이들이 잠시도 가만히 있으려고 하지 않기 때문이다. 음식을 차리면 젓가락 숟가락을 가지고 놀면서 식탁 밑으로 떨어뜨리고 심지어는 자기가 식탁 위에 앉으려고 한다. 또 물컵에 물을 따라서 주면 바닥으로 부어버리고서 무슨 대단한 일이나 해낸 양 혼자서 씩 웃기도 한다.

아이는 이렇게 사고를 치면서 "어, 물컵의 물은 엎질러졌어도 나라는 존재는 이렇게 이 자리에 그대로 있네."라고 느낀다. 이는 놀이를 통해 세상으로부터 자신의 존재가 분리되어 있다는 것을 몸으로 터득해간다는 의미다. 부잡스럽기는 하지만 이런 행동들을 통해 자신의 존재를 인식하게 되는 것이다. 이를테면 '나는 ○○이고, 이 사람은 엄마이고, 이 사람은 할머니이고' 하는 식으로 자신과 다른 사람을 분리해서 알아간다.

그렇기 때문에 이 나이 때에는 사고도 쳐가면서 노는 것이 실은 꼭 필요하다. 더욱이 이 시기는 몸을 많이 움직여야 듬성듬성 연결되어 있던 뇌세포들이 오밀조밀하게 연결되면서 뇌도 잘 발달한다.

또 한 가지 특성은 '대상 영속성'의 개념과 관련된 것인데, 돌이 되기 전의 아이들에게는 이런 개념이 없다. 그래서 아이 눈앞에서 보여주던 인형을 수건으로 가리면 없어진 줄 알고 인형에 대한 관심이 그만 사라져버린다.

하지만 두 돌 정도가 된 아이 앞에서 인형을 보여주다가 수건으로 가리면 아이가 어떻게 할까? 그렇다. 수건을 자기 손으로 제치고 인형을 잡으려고 하는데, 그 이유는 개인차가 있지만 두 돌 때까지는 최소한 대상 영속성의 개념이 발달하기 때문이다.

실례로 어떤 아이는 잠시도 엄마와 떨어져 있으려고 하지 않아서 엄마가 아이를 안고 화장실에 가는 경우도 있는데, 그것도 대상영속성의 개념이 획득되지 않았기 때문이라고 할 수 있다. 하지만 대상영속성의 개념이 잡히면, 그러니까 유아기가 시작되면 장난감을 가지고 놀다가 엄마가 "○○야, 엄마 응가하고 올게."라고 말하더라도 혼자 있을 수 있다.

더욱이 영아가 특정의 사람, 그러니까 자기를 돌봐주는 사람과 가까이 있으려 하고 그들과 함께 있으면 더 안정감을 느끼는 것을 심리학에서는 '애착'이라고 하는데, 많은 연구들에 의하면 이 애착 형성은 성인이 되었을 때 인간관계를 형성하는 바탕이 된다고 한다.

따라서 어렸을 때 애착이 잘 형성되도록 도와주어야 하는데, 특별히 영유아기에는 돌보는 이가 끊임없이 관심을 가지고 아기가 몸으로도 안전하다고 느끼고 또 심리적으로도 안정감을 느낄 수 있도록 해주어야 애착이 잘 형성된다.

그런데 우리는 거꾸로 다 커서 입시가 가까워질 때 좋은 학원에 보내는 것을 더 중요시하는 경향이 있다. 그래서인지 카페에서 어린 아이들을 데리고 온 엄마들이 아이들에게 스마트폰을 쥐어주고 엄마들끼리만 정신없이 이야기하는 것을 보면 안타깝다. 말 못하는 영아일수록 방치하지 말고, 끊임없이 표정으로 또 신체적 접촉으로 소통해야 하기 때문이다.

흔히들 '아기가 누워있을 때가 제일 편해.'라고들 하는데, 이는 잘못된 것이다. 이때에는 아기들이 자신들의 욕구를 말로 표현하지 못하기 때문에 양육하는 사람이 더 적극적으로 잘 살펴서 기저귀를 갈아주는 등의 생리적인 욕구들을 채워주어야 한다. 그렇게 자신들의 욕구가 채워질 때 비로소 아기들은 '욕구가 잘 채워지는 것을 보니 나는 참 괜찮은 사람이로구나.' 하고 느끼면서 심리적인 안정감을 얻고 그것이 안정애착으로 이어지기 때문이다.

다음의 발달 단계는 유아기로, 2~4살 정도까지이다. 유아기에 나타나는 두드러진 발달 특징 중 한 가지는 '언어가 발달하는 시기'라는 것이다. 이때는 자고 일어나면 말이 늘고 또 질문도 참 많이 한다.

유아기가 '언어가 발달하는 시기'라는 말은 뒤집어 이야기하면 이 시기를 놓칠 경우 언어발달이 잘 안될 수도 있다는 말이다. 그러니까 언어가 발달하는 이 시기에 텔레비전이나 비디오 혹은 스마트폰을 과도하게 가지고 놀도록 내버려둔다면 다른 아이들보다 발달이 많이 늦을 수 있다. 반면 아이와 끊임없이 대화하는 것, 곧 질문에 답해주고 아이가 하고 싶어 하는 말을 얼른 알아차려서 대신 말해주기를 반복한다면 아이의 어휘력이 늘고 다른 사람들의 말을 이해하는 능력도 발달할 것이다.

유아기 때는 '자기중심적 사고' 또한 두드러진다. 자기중심적 사고란 자기밖에 모르는 것이 아니라 자기가 좋아하는 것을 다른 사람들도 다 좋아한다고 생각하는 것, 그러니까 자신과 타인의 생각은 같다고 여기는 것이다.

이를테면 명절 때 삼촌과 함께 슈퍼에 갔을 때, 조카가 유아기에 해당한다면 삼촌에게 어떤 아이스크림을 먹겠냐고 묻지 않고 자기가 좋아하는 것을 골라 줄 것이다. 왜냐하면 자신이 좋아하는 것을 남들도 다 좋아한다고 생각하기 때문이다.

마지막으로 이 시기에는 배변훈련이 이루어지는데, 이는 아주 중요하다. 단순히 대소변을 가리는 것을 넘어 처음으로 세상의 질서를 배우고, 또 자신의 욕구를 관리하는 방법을 배우게 되기 때문이다.

그런데 여기서 한 가지 기억해야 할 것은 배변을 참는 것이 고통스러운 어른들과 달리 유아는 배설물을 내보내는 것만이 아니라 참으며 보유하고 있는 것에서도 쾌감을 느낀다는 것이다. 이때 실제로 아이들의 표정을 살펴보면 배변을 참을 때 고통과 함께 미소나 쾌감도 엿보인다. 그러니까 아이들은 배설물을 밖으로 내보내는 것을 지연시킴으로서 쾌감을 얻는 것이다.

그래서 엄마나 할머니가 아이의 표정을 보고 "너 응가하고 싶지?"라고 물으면, 아이는 고개를 저으며 '아니'라고 하는 것이다. 이때 "뭐가 아니야." 하면서 억지로 화장실로 데리고 가기보다, 느긋하게 "그럼 조금 있다가 응가 하고 싶으면 말하렴." 하고 한 번쯤은 기회를 주면서 아이가 자기 조절력을 키울 수 있도록 도와줄 필요가 있다.

그렇게 하지 않고 너무 빨리 기저귀를 떼려고 서두르다 보면 나중에는 지나치게 청결하다든지 시간을 너무 잘 지킨다든지 하는 식으로 완벽주의 성향을 보일 수도 있다. 반대로 너무 늦게까지 기저귀를 채워두면 청결 의식이 없이 자기 편한 대로만 하려 하고, 아무렇게나 어지르는 성격이 되기 쉽다.

마음공부를 위한 셀프깨달음,
나에게 묻고 답해보기

질문 '손자 돌봄에도 공부가 필요해'라는 내용을 읽고,
내 자녀들의 어린 시절을 떠올려 볼 때 어떤 생각이
드는가? 혹, 후회되는 일이 있다면 무엇인가?

： 아이의 감정에 반응을 보이는 4가지 유형

흔히들 '감정조절이 육아의 반이다.'라는 말을 하는데, 이 말은 어떤 의미일까?

아이를 키우면서 감정을 조절하는 것이 쉽지 않다는 말이다. 아이들을 돌보다 보면 화가 날 수밖에 없는 상황들이 수없이 생긴다. 물이나 우유를 엎지르고, 텔레비전 리모컨을 없애고, 화장대에서 화장품을 열어 장난치고, 서랍에 있는 것들을 몽땅 밖으로 꺼내 주변을 어지럽히는 것을 보면 특별한 능력을 가지고 태어나지 않은 이상 매 순간 감정조절을 하기란 너무 힘들다.

하지만 영유아기에 있는 아이들은 엄마를 괴롭히려는 것이 아니고 아직 이성적으로 사고할 수 있는 발달단계가 아니기 때문에 자신의 행동을 조절할 수 없어서 그렇게 행동할 뿐이다. 예컨대 장난감을 사달라고 길바닥에 주저앉아 우는 아이들이 있는데, 시시때때로 문제를 일으키는 아이의 행동에 양육자가 감정을 폭발시키지 않고 잘 반응해 줄 필요가 있다. 그럴 때 아이는 정서적으로 안정감 있게 자랄 수 있다.

이제부터 가트만(Gottman)의 '아이의 감정에 반응을 보이는 4가지 유형'에 대해 살펴보려고 한다. 이중 '나는 어떤 유형인가?'를 점검해 보고 가장 좋은 방법을 모델로 삼으면 좋을 것이다.

아이의 감정에 반응을 보이는 첫 번째 유형은 '축소전환형'이다.

이 유형은 아이가 느끼는 감정에 대해 무관심하게 반응하거나 대수롭지 않게 취급하는 것이다. 시간이 지나면 아이가 느끼는 감정이 없어질 것이라고 생각하기 때문에 대화를 통해 아이를 이해하려는 시도를 전혀 하지 않는다.

예를 들면 아이가 자신이 가장 좋아하는 로봇을 버스에 두고 내린 것을 알고 울 때 "뚝, 뭐 그런 걸 가지고 울어, 사내 녀석이. 할머니가 다음에 더 좋은 걸로 사주면 되잖아."라는 식으로 말하는 것이다.

예전에 아이들을 키우며 물질적으로 잘해주지 못한 것이 마음에 걸리다 보니 무조건 다시 사주면 아이가 좋아할 것이라고 생각하지만, 사실 물질보다 더 중요한 것은 아이의 마음을 알아주는 것이다. 물질로는 아이의 감정이 무마되지 않는다.

이렇듯 아이의 감정을 축소시켜서 자신의 감정을 표현하지 못하도록 하는데, 할머니에게는 장난감 로봇을 버스에 두고 내린 것이 별 일 아닐 수 있지만 아이에게는 죽도록 고통스럽게 느껴질 수도 있기 때문에 이런 식의 반응은 좋지 않다.

그러면 이럴 때 어떻게 반응하면 좋을까? 정답이 정해져 있는 것은 아니다. 일단 아이의 마음을 알아주는 것으로부터 시작하면 어떨까? "어쩌나! 우리 ○○가 정말 속상하겠네. 우리 손자가 속상해서 우는 것을 보니 할머니도 많이 속상한데. 어떻게 하나? 할머니에게 좋은 생각이 얼른 안 떠오르네."라는 식으로 대화를 나누다보면 아이의 마음이 풀리고 해결방법도 찾을 수 있을 것이다.

아이의 감정에 반응을 보이는 두 번째 유형은 '억압형'이다.

이 유형은 슬픔이나 화 같은 감정을 부정적인 감정으로 여기고, 좋은 감정은 표현해도 되지만 부정적인 감정을 드러내서는 안 된다고 생각한다. 그렇기 때문에 아이가 느낀 부정적인 감정을 표현하지 못하도록 겁주거나 혼을 내는 것이다.

예를 들면 예전에 동네에서 이런 모습을 본 적이 있다. 아이와 놀던 할머니가 "그렇게 말 안 듣고 떼쓰고 징징거리면 망태 할아버지가 와서 잡아간다."라고 하셨는데, 그 순간 실제 망태를 맨 할아버지가 동네 야산에서 내려오는 것을 그 아이가 보았다. 그 후로는 손자가 할머니 말을 잘 들었다고 여러 번 회자되는 것을 들었는데, 그때마다 너무 안타까웠다.

왜냐하면 아이는 앞으로 자기가 하고 싶은 바가 있어도 망태 할아버지가 나타날까봐 겁이 나서 떼를 쓰지 못할 것이기 때문이다. 그리고 나중에는 자기주장을 하지 못하는 어른으로 성장할 수도 있다.

이처럼 '억압형'은 '축소전환형'과 비슷한데, 다른 점이 있다면 어떤 기준 그러니까 이 사례에서는 '할머니 말을 잘 듣는 것'을 기준으로 제시해서 그것에 순종하도록 강요한다는 것이다. 또 한 가지는 아이가 느끼는 감정을 옳고 그름으로 나누고, 주로 부정적인 감정들을 옳지 않은 것으로 판단하는 경향이 있다.

이것은 아이에게 어려서부터 감정을 구분해 좋은 감정만 표현하도록 훈련시키는 것이나 다름이 없는데, 이런 경우 어른이 되어서도 감정표현을 잘 하지 못하게 되고 나중에는 억눌렀던 감정이 갑자기 외부로 폭발하거나 아니면 내부로 폭발해 병에 걸릴 수도 있다.

아이의 감정에 반응을 보이는 세 번째 유형은 '방임형'이다.

위의 두 유형과는 다르게 방임형은 아이가 느끼는 감정이 어떻든 다 허용한다. 아이의 모든 감정표현을 받아주고 위로하는 것이다. 그런데 간혹 다음과 같은 문제가 생길 수 있다. 예를 들어 피 터지게 싸우고 들어온 아이에게 "그래 친구가 먼저 우리 손자를 때렸으니 화가 많이 났겠네. 잘했어. 괜찮아."라고만 한다면, 그것도 최선의 답은 아닐 것이다.

아이의 감정을 이해하고 공감하는 것은 좋지만, 아무래도 어린 아이들일 경우에는 아직 인지적으로 발달이 다 이루어지지 않았기 때문에 행동의 한계에 대해 분명한 선을 그어 주어야 한다. 이를 통해 아이는 아무리 화가 나도 친구를 때려서는 안 된다는 것을 알게 된다.

그렇기 때문에 방임형의 양육자로부터 아이가 양육을 받으면 어떻게 자신의 감정을 조절해야 하는지에 대해서는 배우지 못한다. 결국 나중에는 자신의 감정을 조절하지 못해서 아무 데서나 감정을 폭발시키고 또 제멋대로 행동할 수도 있다.

마지막 유형은 '감정코치형'으로, 아이가 느끼는 감정을 다 허용해주고 공감해주지만 그 감정을 아이가 스스로 조절할 수 있도록 행동에 대해서는 어떤 한계를 그어주는 유형이다.

이를테면 아이가 친구랑 싸우고 와서 씩씩대며 울 때 아이의 말을 다 들어준다. 아이가 느낀 억울한 감정을 다 표현하면, "정말 화나고 억울했겠네. 할머니는 못 봤지만 말만 들어도 이렇게 화가 나는데, 우리 손자는 직접 맞았으니 얼마나 화가 났겠어."라고 공감을 해준다. 그런데 여기서 끝나지 않고 "네가 아무리 화가 나더라도 친구를 때리는 것은 안 되지. 왜냐하면 친구를 때리다가 친구가 다칠 수도 있잖아."라며 행동의 한계를 분명히 그어주는 것이다.

이렇게 함으로써 아이는 자신이 느낀 감정이 잘못된 것이 아니라는 안도감을 느끼면서 자신의 감정을 신뢰하게 될 뿐만 아니라, 감정을 조절하고 또 문제를 해결하는 방법도 더불어 터득하게 된다. 물론 축소전환형이나 억압형, 그리고 방임형이 무조건 나쁘다는 것이 아니다. 때로는 이런 유형의 반응이 필요할 때도 있지만 평상시 나의 습관적인 반응태도를 알고 좀 더 상황에 맞는 반응을 해주어야 할 것이다.

마음공부를 위한 셀프깨달음,
나에게 묻고 답해보기

질문 '아이의 감정에 반응을 보이는 4가지 유형(축소전환형,
억압형, 방임형, 감정코치형)' 중 나는 어떤 유형에 해당할까?
그런 유형이었던 것이 나의 자녀에게 어떤 영향을
주었다고 생각하는가?

에필로그

타인의 평가와는 상관없이 나름 최선을 다해 하루일과를 끝냈을 때 찾아오는 잔잔한 기쁨과 행복을 우리는 각자만의 경험을 통해 알고 있다. 지금 나의 마음이 그렇다. 그리고 책을 쓰는 과정이 내 이야기인 양 너무 자연스러웠으며, 무엇보다 자신을 성찰하며 나의 삶을 재평가해보는 시간이었다.

그동안 어르신들을 대상으로 상담하고 교육하는 일들을 하면서 가장 안타까웠던 점은 물질적으로 풍족한지의 여부나 자식의 성공 여부로 자신들의 삶을 평가하는 것이었다.

이 책을 통해 독자들이 자신과 자신의 삶을 바라보는 관점이 새롭게 변화되었으면 좋겠다. 이를테면 살아온 인생을 원망하거나 후회하기보다 나름의 의미를 부여하면서, 소유(물질)나 역할(지위)에 얽매이지 않고 '나'라는 존재를 소중히 여기며 지금-여기에서의 삶을 기쁘고 감사함으로 온전히 누렸으면 좋겠다.

우리의 식탁에 된장국이 오르기까지 수많은 사람들의 보이지 않는 수고와 애씀이 있는 것처럼, 이 책이 나오기까지 많은 이들의 은혜를 입었다. 나의 부모님(강인환·박영희님), 남편(손형규님)과 두 아들(손한승·손예승님), 그리고 박영스토리 출판사의 노 현 대표님과 최은혜 편집자님에게 고마운 마음을 전하며, 나의 삶을 여기까지 인도하셨고 매일 새 힘을 주시는 하나님께 감사드린다.

참고문헌

서적

강현숙, 『50+를 위한 심리학 수업』, 궁리.

강현숙, 『내 마음과의 거리는 10분입니다』, 궁리.

너새니얼 브랜든, 김세진 옮김, 『건강한 자존감의 6기둥』, 교양인.

도널드 앨트먼, 소하영 옮김, 『마음 그릇: 마음을 비우는 법』, 파주Books.

박천식·이희백·한수미, 『재미있는 심리학』, 교육과학사.

신현암·이방실, 『빅 프라핏』, 흐름출판사.

에노모토 히로아키, 박현숙 옮김, 『모친상실』, 청미출판사.

엘렌 랭어, 『마음챙김』, 더 퀘스트.

이근후, 『백 살까지 유쾌하게 나이 드는 법』, 메이븐.

이승헌, 『우리말의 비밀』, 한문화.

임영주, 『내 아이를 부탁해』, 물주는 아이.

전영철·전샛별, 『격대교육이 오바마를 만들었다』, 아름다운 사람들.

정순돌·김미혜, 『한국 베이비부머의 삶과 미래』, 학지사.

중앙치매센터, 자가진단 체크리스트.

하라마쓰 루이, 홍성민 옮김, 『노년의 부모를 이해하는 16가지 방법』 뜨인돌.

하버트 앤더슨·케네스 미첼, 『상실과 슬픔의 치유』, 상담과 치유.

홈페이지

네이버 지식백과, 치매(체력관리),
http://terms.naver.com/entry.nhn?docld=3535913&cid=58502&categoryld
=58502

노년기에 가장 무서운 병, '치매와 치매 치료제',
https://post.naver.com/viewer/postView.nhn?memberNo=38697820&volu
meNo=15883836

노인여가활동,
http://blog.daum.net/actschristian/71
대뇌의 4개의 엽,
https://terms.naver.com/entry.nhn?docId=3568700&cid=58946&categoryI
d=58977
'마음이 지워지는 병'이란 무엇인가? 치매,
https://100.daum.net/encyclopedia/view/54XX45200040
베이비조선 베이비앤, 황혼육아에도 공부가 필요해,
https://m.post.naver.com/babychosuncom
"쓸모없는 사람은 없다...타임뱅크에 봉사 저축해 나눠쓰자",
http://www.hani.co.kr/arti/economy/economy_general/869780.html
애도반응, 사랑하는 사람이 떠났다면 충분히 슬퍼하세요,
http://www.psychiatricnews.net/news/articleView.html?idxno=13901

신중년·신노년의 마음공부

초판발행   2020년 9월 18일

지은이   강현숙
펴낸이   노 현
편 집   최은혜

기획/마케팅   노 현
표지디자인   박현정
제 작   우인도·고철민

펴낸곳   ㈜ 피와이메이트
           서울특별시 금천구 가산디지털2로 53 한라시그마밸리 210호(가산동)
           등록 2014. 2. 12. 제2018-000080호
전 화   02)733-6771
f a x   02)736-4818
e-mail   pys@pybook.co.kr
homepage   www.pybook.co.kr
ISBN   979-11-6519-077-4   03180

정 가   13,000원

박영스토리는 박영사와 함께하는 브랜드입니다.